アメリカ人の見たゴジラ
日本人の見たゴジラ

NUCLEAR MONSTERS TRANSCENDING BORDERS

池田淑子 編著

大阪大学出版会

口絵1　*Godzilla, King of the Monsters!*『怪獣王ゴジラ』の宣伝ポスター
Godzilla Releasing Company（米国の配給会社）。1956年、リトグラフ、104×69cm。
フルーグフェルダー氏のコレクション。写真：John Bigelow Taylor

口絵2　日本の『ゴジラ』の宣伝ポスター

はじめに

　およそ60年以上も前、核に対する強いメッセージが吹き込まれた日本のゴジラ映画は、2011年3月の東日本大震災（3.11）による福島第一原子力発電所の事故以降、国の内外で再評価が始まった。

　なかでもアメリカでの反響は非常に早いものだった。2012年1月、初代『ゴジラ』（1954）に英語の字幕が付けられたオリジナル版が、そのアメリカ版である *Godzilla, King of the Monsters!*（1956）とともに、2枚組DVDの形でクライテリオンコレクション（The Criterion Collection）から発売され、さらに、2014年には、初代ゴジラ映画のリブート版 *Godzilla* が制作され、世界中で大ヒットを収めた。

　一方、国際的な再評価を目の当たりにした東宝は、2014年6月、ゴジラ60周年記念のイベントに、当時主役を演じた俳優、宝田明氏とアメリカの新作映画 *Godzilla* のギャレス・エドワーズ監督を招待し、初代『ゴジラ』のデジタル・リマスター版を劇場公開した。そして2016年7月、一度は自ら終止符を打ったゴジラシリーズを復活させ、新作『シン・ゴジラ』（2016）を制作・配給したのである。

　このように、アメリカにおけるゴジラ映画の受容は、日本よりも進んでいる。チョン・ノリエガ（Chon Noriega）の論文「ゴジラと日本の悪夢」（オリジナルの "Godzilla and the Japanese Nightmare" は1987年にアメリカで出版された *Cinema Journal* の中で、日本語版は1999年に出版された『ヒバクシャ・シネマ』の中で掲載される）など、研究もかなり早くから行われてきた。一方、日本でゴジラ映画に関する学術書が現れたのは、1990年代後半になってからのことである。日本の地政学的な文脈の中で、『ゴ

ジラ』を「怪獣神話」として分析した高橋敏夫（1998）が第一人者であろう。3.11以降、日本でのゴジラ研究は急速に増え、なかでも吉見俊哉（2012）は、『夢の原子力』のなかでゴジラが戦後の日米関係の象徴であると同時に日本の戦争と戦後の象徴でもあると論じ、ゴジラ表象の社会的・文化的意味を深く掘り下げている。『シン・ゴジラ』の制作・上映以降のゴジラに関する研究は、『ユリイカ』2016年12月臨時増刊号の総特集「『シン・ゴジラ』とはなにか」、藤田直哉の『シン・ゴジラ論』（2017）、小野俊太郎の『新ゴジラ論』（2017）など、めざましく進んでいる。

　しかし、日米両国におけるゴジラ映画の分析は、ほとんどが日本の地政学的文脈で行われたものであり、アメリカの文脈ではあまり行われていないのが現状である。ゴジラ映画がなぜこれほどアメリカで受容され、流通し消費され、半世紀以上も繰り返し制作されてきたのかについて探求した研究は、残念ながら非常に少ない。ましてやアメリカでは *Godzilla* が2億ドル以上の売り上げを獲得したにもかかわらず、日本で大ヒットした『シン・ゴジラ』が非常に限定された劇場で、しかも短期間しか上映されず、わずか100分の1の約190万ドルしか売上げを獲得できなかった理由を、探求する糸口となるものは見つかっていない。

　本書は、編者の2014年から2015年の米国コロンビア大学での学外研究中にアメリカのゴジラ研究者とアメリカでの受容について交わした議論を基に、立命館大学国際関係学部の研究者とともに、ゴジラ映画の日米両国における受容について考察するものである。「不気味なもの」として、またある時は「ヒーロー」として現れるゴジラ表象の正体を明らかにし、日米両国でゴジラ映画が長く受容されてきた理由を解読する手口を見つけることが本書の

目的である。

　また、それは、ゴジラ映画がなぜ国境を越え、往来するトランスナショナルな存在になったのか、という問いに対する解答を模索する試みでもある。日本のポピュラー・カルチャーの先駆者であるゴジラの「下からのグローバル化」、アメリカでの「ローカル化」を経て、トランスナショナルな存在へと至る過程を紐解く糸口としたい。

　さらに、本書は、太平洋の両岸でゴジラ映画が繰り返し制作され、受容が進む一方で、二国間であまり進んでいないゴジラ研究者のアカデミックな対話を促進することも目的としている。

　第1章は、先に紹介したクライテリオンコレクションに解説を寄稿したフルーグフェルダー（Gregory M. Pflugfelder）氏が執筆した。コロンビア大学東アジア言語文化部学部の准教授であり、日本史とゴジラ映画に関する講義を行う同氏が、歴史的かつグローバルな視点からアメリカ版『怪獣王ゴジラ』（*Godzilla, King of the Monsters!*, 1956）を中心にゴジラ映画について論じる。

　日本の歴史学者でもある同氏は、第2章では、太平洋戦争終戦直後に数年前まで敵国であった日本が制作したゴジラ映画のニューヨークへの進出、つまり「ソフト・ランディング」（軟着陸）についても解説する。

　同氏の論考の後、編者は、第3章で、昭和シリーズの4作、『ゴジラ』（1954）、『ゴジラの逆襲』（1955）、『キングコング対ゴジラ』（1962）および『モスラ対ゴジラ』（1964）のアメリカ版を日本のオリジナル版と比較しつつ、同作品群のアメリカの文脈での分析を試みる。

　第4章では、ニューヨーク公共図書館副館長で、ゴジラのファンであるカラハン（David Callahan）氏が、幼い頃から見て育っ

たゴジラ映画の流通経路を検証する。これまで部分的にしか明らかではなかった、初代ゴジラのアメリカ版『怪獣王ゴジラ』の複雑な配給システムと宣伝活動を、業界紙を通して明らかにする。

第5章では、立命館大学国際関係学部教授の中川涼司氏が、ゴジラ映画シリーズの誕生およびその進化・発展を、制作・配給会社である東宝と日本の映画産業という大きな枠組みの中で検証する。

第6章を担当する映画産業関連会社の経営者であるユーファート（Karl Josef Ufert）氏は、子供時代から日本映画、特に怪獣映画のファンであるが、なぜこれほどゴジラ映画や怪獣映画がアメリカで受容されるのか、主にアメリカの研究者の論考を通して解答を模索する。

第7章では、編者が、反米・反核の強いメッセージを放っていた核怪獣が、戦後、冷戦、高度経済成長期といった日本の地政学的な文脈で、顔を変え、スーツを着替え、恐怖の存在から味方へと変容するプロセスを検証する。

最後の章、第8章では、ニューヨーク市立大学准教授で英文学を教えるシェン（Sigmund Shen）氏が、精神分析学の視点から主にゴジラ映画の昭和シリーズを分析し、子供時代から見てきたゴジラ映画のアメリカ版に潜むイデオロギーの作用を検証する。

この中で、第1章、第2章については筆者と編者が共同で、第4章、第6章、第8章については編者が単独で、英文の原稿を日本語訳したものである。不明な点などがあれば、それは編者の責任であり、ご意見いただければ幸いである。本著が、日米両国における研究者の議論の交流の契機となることを切に願う。

池田淑子

目　次

口絵

はじめに　i

第1章　ゴジラと歴史
　　　　　　　　　　　　　　グレゴリー・M・フルーグフェルダー　2
　第1節　グローバリゼーションの中のゴジラ　3
　第2節　怪獣王の誕生　10
　第3節　冷戦構造の中で　24

第2章　ゴジラとタイムズスクエア
　　　　　　　　　　　　　　グレゴリー・M・フルーグフェルダー　36
　第1節　ニューヨークへの軟着陸　37
　第2節　『怪獣王ゴジラ』のアメリカ版ポスターの非日本性　44
　第3節　永遠の戦士としてのゴジラ　47

第3章　ゴジラ映画に見るアメリカ人の心情
　　　──『怪獣王ゴジラ』から『モスラ対ゴジラ』まで
　　　　　　　　　　　　　　　　　　　　　　池田淑子　52
　第1節　序論　53
　第2節　*Godzilla, King of the Monsters!*『怪獣王ゴジラ』
　　　　（1956），『ゴジラ』（1954）　54
　第3節　*Gigantis, the Fire Monster*（1959），
　　　　『ゴジラの逆襲』（1953）　65

第4節　*King Kong vs. Godzilla*（1962），
　　　　『キングコング対ゴジラ』（1962）　73
第5節　*Godzilla vs. The Thing*
　　　　（『モスラ対ゴジラ』）（1964）　78
第6節　アメリカでの地政学的な文脈におけるゴジラ映画　82

第4章　モンスター・ビジネス
　　　　――宣伝・配給・上映
　　　　Godzilla, King of the Monsters! の歴史

デイビッド・カラハン　92

第1節　はじめに　93
第2節　版権の獲得とプロモーション　93
第3節　劇場上映　99
第4節　興行収入まとめ　113
第5節　テレビ放送　114
第6節　映画産業への影響　116
第7節　まとめ　117

第5章　ゴジラと日本映画産業

中川涼司　120

第1節　はじめに
　　　　――第2次世界大戦後日本映画産業の変化とゴジラ　121
第2節　東宝の沿革と『ゴジラ』の製作に至るまで　124
第3節　1960年代東宝の健全主義、娯楽主義とゴジラ　128
第4節　テレビ時代の到来、邦画産業の衰退とゴジラ　130

第 5 節　1990 年代後半から 2000 年代前半の
　　　　　日本映画産業とゴジラ——迷走の時代　135
第 6 節　2000 年代後半以降の
　　　　　日本映画産業の展開とゴジラ復活　138
第 7 節　『シン・ゴジラ』後の展開方向——多面的展開　142
第 8 節　おわりに　145

第 6 章　西欧のためのモンスター？　それとも日本のもの？
　　　　　——大怪獣の「アイデンティティ」をめぐる
　　　　　　映画制作者の視点

　　　　　　　　　　　　　カール・ジョセフ・ユーファート　150

第 1 節　GODZILLA／ゴジラは何者か？
　　　　　モンスター（怪獣）だよ。　151
第 2 節　化け物としての日本のモンスター（怪獣）　152
第 3 節　オリジナル版『ゴジラ』（1954）の流通
　　　　　——日本とアメリカの怪獣映画　153
第 4 節　怪獣の起源——日本の民話　154
第 5 節　ゴジラと竜　156
第 6 節　ゴジラと原子爆弾　157
第 7 節　ゴジラと神と災害——宝田明の言説　160
第 8 節　ゴジラと映画の作り手——日本人らしさ　161
第 9 節　ゴジラとグローバル現象——原爆の具象化　163
第 10 節　日本人の戦争の記憶　165
第 11 節　ゴジラに対する同情　173
第 12 節　芹沢博士とオッペンハイマー　175
第 13 節　日本人らしさ——作り手と化け物　179

第 7 章　ゴジラと科学神話

池田淑子　187

第 1 節　序論　187

第 2 節　『ゴジラ』(1954)——絶対的な恐怖の存在　189

第 3 節　『ゴジラの逆襲』(1955)——アメリカの影と冷戦　195

第 4 節　『キングコング対ゴジラ』(1962)
　　　　　——科学からビジネスへ　198

第 5 節　負の遺産と平和利用——科学に夢を抱く　202

第 6 節　ゴジラの制御と宇宙
　　　　　——アメリカとともに科学技術を　209

第 7 節　人間の味方——科学の自然制御と科学者のモラル　210

第 8 節　飼育動物——自然支配と科学万能説　212

第 9 節　玩具と非現実性——科学技術と経済と環境　213

第 10 節　ゴジラ映画と科学神話
　　　　　——なぜ、原子力発電を受け入れたのか？　214

第 8 章　子供時代は戻らない
　　　　　——アメリカのゴジラファンとノスタルジアの
　　　　　　イデオロギー作用

ジークムント・シェン　219

第 1 節　序論　219

第 2 節　架空の（存在したことがない）場所への
　　　　　ホームシック　221

第 3 節　政治的贖罪としての「改訂」　223

第 4 節　二度と戻らない子供時代　226

第5節 キングコングはわれわれをバカにはできない
　　　　――『キングコング対ゴジラ』そして『モスラ対ゴジラ』
　　　のなかで転移される人種差別　229
第6節 「君は妹を氷詰めにすべきだったのだ」
　　　（グレンが堅物の宇宙飛行士、富士に言う）
　　　　――『怪獣大戦争』と『怪獣総進撃』　236
第7節 「百万人の行進」
　　　　――ヒッピー・パニックと「モデル・マイノリティー」　245
第8節　結論　248

Appendix　　　　　　　　　　　　　　　　　　　　　　　　250
"A Childhood Forever Gone":
American Godzilla Fans and the Ideological Functions of Nostalgia
　　　　　　　　　　　　　　　　　　　　　　　　Sigmund Shen

あとがき　272

図出典一覧　275

執筆者紹介　277

アメリカ人の見たゴジラ、日本人の見たゴジラ
NUCLEAR MONSTERS TRANSCENDING BORDERS

第1章
ゴジラと歴史

扉絵1　*Godzilla, King of the Monsters!*『怪獣王ゴジラ』のロビーカード
（筆者のコレクション）

グレゴリー・M・フルーグフェルダー
Gregory M. Pflugfelder

第1節　グローバリゼーションの中のゴジラ

1.1　序論

　念のために言っておくが、私は歴史学者である。決して魅惑的な職業ではないが、めったに退屈することはない。簡単に言えば、歴史家のすることは、最近のものであろうとずっと昔のものであろうと、過去の資料を用いて現代人にためになる話や面白い話を語ることである。このメガメディアの時代に、ますます多くの学者が、現代社会に浸透し多大な影響を及ぼすポピュラー・カルチャーの歴史に注意を注ぐのは当然である。ポピュラー・カルチャーに関する書物は、馬鹿馬鹿しいものから崇高なものまで非常にさまざまであるが、少なくとも歴史の資料が息の詰まるような古いものである必要がないことを証明している。後に紹介する私のウェブサイトを含め、本章は、ポピュラー・カルチャーに関して、アカデミックな人間と一般の人々との関心を統合するようなより広範な対話を始める試みである。

　年を重ねることは、歴史家にとっては、特別な感動がある。というのは、歴史学者の間では、過去はプライベートなものであり、同時に仕事でもあるからである。年月が過ぎると、必然的に生き

た経験と歴史的な考えが混ざってしまう。結局、歴史学者は皆、単なる研究者であるだけでなく、歴史の生きた化身、真の意味での歩く教科書となりうるからである。私のようなベビーブーマーにとって、歴史という名前に値するには、1950年代、60年代、そして70年代は、記憶にあざやかで、真新しすぎると感じるのである。コロンビア大学で教える大部分の学生が、クリントン大統領やブッシュ大統領の時代の子供であることを実感し、私が大学に入学してから長い年月が経ったことを考えると、はっとする。なぜなら、学生にとってベトナム戦争は、私の年代の人間にとって第二次世界大戦や朝鮮戦争がそうであったように、映画やフィクションの対象なのである。別の言い方をすれば、初代のゴジラが誕生し、この世に存在するようになってから非常に長い時間が経過したということである。それゆえ、過去を生かすには、私自身の歴史を復活させるという、漠然とした楽しみを伴うのである。本章を執筆することで、今や失われた世界の記憶を共有する人々と、つまり、その世界によって同様に形づくられる人々との関係に対する感覚を取り戻したと言えるだろう。われわれはいつもゴジラ世代であり続けよう。

1.2 ゴジラと地球

本章の前提の一つは、ゴジラの1954年から現在に至るまでの国際的な流通が、われわれがグローバリゼーションと呼ぶ歴史的なプロセスの具体的な一例を提供するということである。グローバリゼーションは、人によってそれぞれ異なる事象を意味するので最初から説明する価値がある。一般的な意味では、グローバリゼーションとは、多国籍企業、国際的な規制機関、およびデジタル情

報通信の出現によって具体化した、一連の複雑な経済的・政治的・技術的な要因によって、国家の境界がますます穴だらけになり浸透しやすくなった現在進行中の現象である。人によっては、グローバリゼーションとは、自由奔放な企業の貪欲とアメリカの（あるいは北半球の）新植民地主義という聞こえの悪い言葉である。本章で論争の倫理的な次元において判断を下すのが私の目下の目的ではない。その代わりに、地球規模で進展する相互関連性に、歴史的な深遠さと地理的な特異性を加えたい。それによって、今度は、われわれもしくは恐らくわれわれの子孫が、さらに明確にそのプロセスを理解することができるかもしれない。もっとはっきりと言えば、私は、本章において、今日のグローバリゼーションの目に見えるいくつかの姿、つまり、子供にとっても大人にとってもファンタジーと想像の世界を描き出したい。

　怪獣映画は、歴史学がこれまで対象としてこなかった多少新しいものであっても、グローバリゼーションのプロセスの文化的なダイナミズムを理解するために、有益なレンズを提供してくれるものである。少なくとも怪獣映画の五つの要因が、グローバリゼーションの文化的なダイナミズムを理解するのに寄与している。一つは映画というメディアそのものの性質であり、それは、映画研究者が指摘したがるように、これまでもずっと国際的なものだった。19世紀末の映画制作の始まりから、典型的にモダンな芸術を作り上げたテクノロジー、人材、美的なスタイル、そしてジャンルのきまりなどが、容易に地理的な境界を越えてきたのである。映画制作者だけが世界市民的な傾向だったのではなく、映画の観客もまた、劇場の座席に気持ちよく座っている間に、国境を往来

することに慣れていったのである。アメリカ国内の映画市場に対するハリウッドの伝統的な支配は、そういった世界市民的な傾向にとって例外に思えるかもしれない。しかし、実際には、ハリウッド自体が資金繰り、制作、配給、そして利益に関して国境を超えて、長い間運営してきたのである。ハリウッドのスタジオによって制作された映画も頻繁に海外でのロケを行ってきた。文字通り、観客がどこで見ようともこれらの映画は、観客の世界観を形成するのである。

1.3 ゴジラと視覚環境

1950年代に生まれたほとんどのシネマ怪獣と比較すると、ゴジラは、群を抜いて長命である。その秘訣の一つは、その生き物が言葉を発さないこと、あるいは、少なくとも話したがらないところである。ゴジラは自分のことを表現する言葉を持たないので、われわれは彼の睨んだ目の中にいくつもの夢想を託し、読み取るのである。

60数年もの間、ゴジラは、音によるコミュニケーションよりも視覚的なコミュニケーションにひどく頼ってきた。確かに、大地を叩きつけるこの獣は、映画のキャリアの過程において、物語の中でしばしば咆哮してきたわけであるし、伊福部明のような才能のある作曲家による魅惑のあるサウンドトラックが、独自の卓越した方法で映画の観客に感情的な印象を残してきた。それでもやはり、ほとんどの人々のゴジラのようなイコンとの最初の出会いは、視覚的な体験である。その視覚的体験は、観客が劇場に入るずっと前に、あるいはテレビやタブレットのスイッチを入れるずっ

と前に起こるのである。映画という商品はセルロイド（何れにしてもこれも今や記録するメディアとして使われてはいないが）以上のものが伴う。つまり、映画そのものは、流通経路や観客に究極的に伝える意味を決定するイメージ、モノ、組織、慣習といった、より大きな仕組みの一部を形成するのであり、そうした仕組み次第なのである。資本主義経済においては、特に、プロモーションや「エクスプロイテーション（売り込み）」という名で通る、注意深く調整され組織化されたマーケティングのプロセスが、映画の内容と同じくらいのインパクトでその成功を左右するのである。宣伝ポスター、ビルボード（屋外看板）、トレイラー（予告編）、テレビのコマーシャル、新聞広告、ロビーでの陳列、そしてその他の視覚的な資料が映画のプロモーションの材料であり、映画観客の期待と体験とを作り上げるのに大いに貢献するのである。うまい宣伝活動がいつも不発弾を大ヒットにするとは限らないだろうが、劇場にかなり多くの客を呼び込むだろう。

それでもやはり、宣伝のイメージとそれぞれの映画との結びつきはさまざまであり、ときには非常に疎遠でありうる。独自の視覚的な論理に応じて機能しているものとして、宣伝のイメージを理解するのが一番良い。また、ここで焦点を当てる視覚材料は、少なくとも公式に言うなら、静的なイメージではあるけれども、インパクトは動的でダイナミックなものである。なぜなら、この材料は、それらが最初に印刷された紙を超え、映画業界を超えて拡がる文化的な規範、記号体系、そして欲求の構造から、そのコミュニケーション力を引き出しているからである。こういう理由で、特に本章では、怪獣映画の宣伝のために特別に生産された材

料のみに限定せず、ジャンルが相互作用し、その風景を変えた映画制作と視覚文化のいっそう広い領域に注意を促すのである。

　映画の怪獣は、視覚を楽しませる。セルロイドの怪獣は、実際のモノや自然に存在する生物に対応するわけではない（そして確かにわれわれはそのことに感謝すべきなのだが）。怪獣は目に見えるが実体のない、大きな影響を与えるものだが空虚で、リアルであるが架空のものなのである。いやしくも存在していると言えるのは、視覚的表象という形においてのみであり、怪獣を心の中に呼び起こし、思いを巡らす人々の空想の中においてである。ある意味では、怪獣のイメージ分析は、怪獣が何であるか、また怪獣が何をするのかという心臓部を調べてみることである。英語のmonster（怪獣）という語は、ラテン語の monstrum という語に由来し、また英語の demonstrate（示す）といった語に関連するので、怪獣は、われわれに何かを「示す」という意味になる。日本語の「怪獣」という表現は、言語的なルーツは異なるけれども、視覚的なイメージを通して何か見えない大切なものを見せてくれるという点で共通するものがある。

　私が怪獣の世界を支配する視覚的な記号に興味を持ってから、あるいはもっと大げさに言えば、怪獣のイコノグラフィーという未だ認識されていない学問に関心を抱いてから、約20年になる。視覚的なものに対する関心のおかげで、私は、最近増えているある種の歴史家の仲間に入ることができた。その仲間というのは、われわれの分野の正統な資料である文書という有限の領域を敢えて越え、学習と教育の手段として、過去からの他の種類の資料も

第 1 章　ゴジラと歴史

調査しはじめた歴史学者たちのことである。もちろん、最近視覚的になってきているのは、学者たちだけではない。私のコースの学部生も、明らかに、言葉だけのものよりイメージにいっそうすぐに反応する。多分、20世紀後半の技術変化によって生じた視覚的に充満した環境——ゴジラからポケモンまで日本製の怪獣が生まれ繁殖した同じ環境である——に育ったからであろう。大衆文化の移り変わりは、世界を理解する方法に真のインパクトをあたえる。それは、新鮮な研究対象を生み出すだけでなく、知識の新しいあり方と教育のツールをも生み出すのである。

　本章の明確な起源は、初代のゴジラ映画の50周年にあたる2004年の数年前の時期にさかのぼる。当時、コロンビア大学を構成する組織の一つである、ドナルド・キーン日本文化センターの所長として、私は同僚に手伝ってもらって、20世紀文化の歴史におけるゴジラとその仲間と敵の役割について教える展覧会を開催する決心をした。結果として生まれたマルチ・メディアの展示「ゴジラは地球を征服する——国際映画芸術における日本映画の怪獣」がコロンビア大学のC.V. スター東亜図書館で、2004年2月から12月まで開催された。そして少なくとも一人の司書は必ずしも許してくれていなかっただろうが、私は、フランス、イタリア、そしてアメリカ合衆国から集めた、巨大なビンテージ・ポスターの派手な陳列が、かつて法学部の教授や他の尊厳なる人物の、埃をかぶった肖像画がかかっていた大閲覧室の閲覧者を睨み倒す、印象的な光景を決して忘れない。この時から展示は、ウェルズリー大学、コネチカット州のトリニティ・カレッジ、カンザス大学のスペンサー美術館を含む他の場所に旅をしたのである。私は、最

初の展示を開催するのを可能にしたコロンビア大学ウェザーヘッド東アジア研究所の財政的な支援にとても感謝している。また、このプロジェクトを次の段階に進め、教育を目的としたウェブサイト「GROWING UP WITH GODZILLA」（www.growingupwithgodzilla.org）の構築に援助してくれたことにも感謝している。当ウェブサイトおよび本章にあるどんな間違いも私自身の責任である。

第2節　怪獣王の誕生

2.1　ゴジラの多様な起源

　文化の歴史のあらゆる現象と同様に、ゴジラにも多様な起源がある。なかでも最も重要なものを紹介しよう。

　第一番目の起源は、オリジナルが伝える架空の起源である。オリジナルの映画は、1954年に上映された『ゴジラ』である。「ゴジラ」の名前は、大戸島とよばれる架空の場所の島民の一人によって初めて使用される。物語によれば、人々はかつて「ゴジラ」とう名の恐ろしい海の生き物が、不漁など漁民の生活を脅かす不幸な出来事をもたらすと信じていた。昔々、大戸島の島民は、おそらく怪物の心を癒すために、若い乙女を生け贄にするという伝統を継承してきたのである。言い伝えによると、海に少女を流したが決して戻ることはなかったそうだ。

　「大戸島の島民」が、いつこの生け贄の儀式をやめたかについて、脚本は明確にはしていない。しかし、映画は、観客を現実の

世界に残っている古代のもう一つの宗教的な儀式へと導く。『ゴジラ』の始めの方の場面では、島民が神社に集まる。ちょうどそのとき、破壊的な威力を持つ台風が島に近づいていた。それは後で怪獣ゴジラの仕業であることが分かる。神社では、神聖な踊りが、伝統的な和楽器で伴奏され、供えられる。文字通り神々を楽しませる、日本語で「神楽」と呼ばれる懇願と和解の儀式である。

このように起源神話が『ゴジラ』の中核に存在する。映画の作り手は、怪獣と、日本の伝統文化や神道の世界観を意識的に結びつけようとする。架空の大戸島の伝承と同じように、日本の最古の歴史書である『古事記』や『日本書紀』は、口承の伝統に基づいており、恐ろしい生き物や人間と聖なる者を橋渡しする存在に満ちあふれている。神道の考えでは、自然の神々は、人間の出来事に大きな影響を与えるという。『ゴジラ』を撮影した映画会社でさえ、神々の力を認識していた。というのは、撮影終了を祝い、社員が敷地に建てた祭壇の上に、ゴジラの人形（いや、正確に言えば、ゴムのスーツの一部）を置き、商業的な成功を祈願していたのである。今日でも、超モダンな日本の都会の風景のなかに昔ながらの神社や神道の儀式を容易に見つけることができる。多くの日本に住む人々が、ある程度、神道を通して国民の過去・家族・コミュニティー、そして損なわれていない自然環境を中心とする素朴な生活様式との永続する結びつきを想像するのである。

2.2　第五福竜丸事件

もう一つのゴジラの起源を語ろう。映画『ゴジラ』の目立つ特色の一つは、一つだけでなく二つの起源説を提供することである。

1997年の著書 *Screening Space* のなかで、映画研究者のビビアン・ソブチャック（Vivian Sobchack）は、サイエンス・フィクション映画は、科学主義と実証主義を強調するが、その中にも呪術や宗教といった超自然的な要素もまた存在し、その両者が社会の中で交流するさまを描いている、と述べている。『ゴジラ』の場合は、怪獣の存在に関するより科学的な説明は、物語の始まりに紹介された呪術・宗教的なものと競合し、究極的にはそれを打ち消すのである。

大戸島の島民は、謎の半神話的な生き物としてゴジラを見なす一方で、島を訪れる科学者のチームは、ゴジラを巨大な恐竜であり、ジュラ期と白亜紀の間の過度期から生き残った、学問上貴重な動物であると判断する。科学者は、ゴジラの最近の暴走や放射能は、アメリカ軍が太平洋の北東部で行っている水爆実験にゴジラがさらされ、おそらく変異したためであるとした。そうして、ゴジラの「科学的な」説明は、大戸島の位置関係と同様に、太平洋という空間が映画制作に大きな影を落としていたことを浮き彫りにする。

映画の中で言及される水爆実験は、架空のものではなく、歴史的な事実だ。第二次世界大戦で日本が敗北した後、アメリカ合衆国は、敵の以前の領土であったミクロネシア諸島、つまり、戦時中に日本が「南洋」と呼んだ島々を支配した。そこでアメリカの科学者や軍事関係者は、日本の降伏に導いた核兵器プログラムの開発を続けた。島民は、爆風と後に続く死の灰から身を守るために、静かな環礁を離れなければならなかった。中には二度と戻れぬ者もいた。今日では、ビキニということばは、水着の一種とし

か意味しないが、戦後初期には、驚天動地の力を想像させた。1946年から1958年の間、小さなビキニ環礁は、キャッスル作戦の「ブラボー実験」を含む20回以上使用された核実験場である。「ブラボー実験」とは、今もなお歴史上、二番目に強大な核爆発であり、アメリカ合衆国が行った中でも最大のものである。

2.3 映画界の発展

もし、二つ目のゴジラの起源が、冷戦初期の原子力政策を巡る紛糾する議論であるとすれば、もう一つは、映画メディアの歴史の中に求めなければならない。日本におけるシネマの始まりは、ヨーロッパ、アメリカ、その他の地域と同様に、19世紀末にさかのぼる。日本の映画産業は、ゴジラが初めて銀幕で姿を表した時にはもうすでに半世紀以上たっていた。ハリウッドとは異なり、1950年代の日本では、スタジオ・システムと呼ばれるものが、未だに支配的であり、俳優および制作・配給・興行に関わる人たちを特定の映画会社に継続的に結びつけていた。『ゴジラ』を作り出した東宝株式会社（以降、「東宝」と記す）は、1932年に東京に設立され、1937年に再編・改名され、映画産業の主要企業として存続している。東宝の輸出ビジネスは大部分が戦後のことであるが、日本映画産業における東宝の名声は、戦前・戦時中・戦後に及んでいる。

2.4 モンスター・カルチャーとモンスター・ビジネス

ゴジラは、映画史の一部であるけれども、映画というメディアは、世界中のモンスターを取り巻くイメージ、信念、そして慣習といったいっそう長い歴史の一部である。日本列島では、その歴

史が、少なくとも記録されている限りでは、セルロイドが発明される1000年以上前にさかのぼる。朝廷の命で編纂された8世紀の『古事記』や『日本書紀』は、恐ろしい性質、強大な力、動物に似た形など、現代の怪獣に類似する生き物について複数の口承伝説を集めている。6世紀にアジア大陸から日本へ伝わってきた仏教も、その天人や恐ろしい鬼を含む独特の宇宙観によって、神道と同様に、日本のモンスター文化に貢献してきた。ヨーロッパにおいて異教がキリスト教と結びつき、西洋のモンスターに対する考えを生み出したように、仏教と神道が、何世紀もの間平和に共存し、日本における超自然に対する民衆の理解に強力な影響を及ぼしたのである。

2.5 ゴジラがアメリカにやってくる

それでは、どうやってゴジラはアメリカで「Godzilla」になったのか。さらに別のゴジラの起源を理解するためには、ゴジラが太平洋をわたり、世界旅行となった停泊地の一つであるアメリカ合衆国にやって来た足取りをたどらなければならない。

もし、遠い惑星からの観察者がハリウッド映画によって判断するならば、彼らは、冷戦初期のアメリカに怪獣が暴走したと結論づけるだろう。1950年代には、空前のサイエンス・フィクションのブームがアメリカの映画界に訪れ、1960年代半ばまで色あせる兆しはほとんどなかったのである。研究者はこの文化現象についてさまざまな解釈にたどり着くが、説明の一端は、冷戦という地政学的に特有な状況にあるという点で、その多くは一致している。というのは、宇宙人の侵略に関する物語が、銀幕上に全国的に展

第1章　ゴジラと歴史

開され、国の安全保障への脅威に対する人々の不安を微妙に反映していたからである。言うならば、敵の不可視性は「冷戦」の本質にあるという事実は、可視の幽霊をいっそう魅力的にしたのである。また、怪獣の突然変異は、共産主義者の内からの破壊という想像上の危険をうまく表す比喩だろう。そうした懸念は、ジョゼフ・マッカーシー（Joseph McCarthy, 1908-1957）上院議員による赤狩りのヒアリングの中に最も極端な表現を見い出したのである。チケット売り場においても、アメリカ議会においても、恐怖症が役に立つものであった。

確かに、あまり多くのアメリカ人が、政治的理由を意識して映画を見に行ったわけではなかった。むしろ、文芸批評家のフレドリック・ジェイムソン（Frederic Jameson）が論じてきたように、文化的な産物というものは、その時代に広まっている社会的な緊張、あるいは彼が「政治的無意識」と呼ぶものと密接に関係する。

モンスター映画が非常に面白かったということは言うまでもない。「怪獣が逃亡中」という決まりきったパターンは、アメリカであろうと他の地であろうと、かならず映画の観客から恐怖の喘ぎと叫び声を引き出す。そしてやはり映画の数の多さが示すように、人々はさらなるものを求めて戻ってきた。視覚的なスリルへの要求を満たすために、そして懐を増やすために、アメリカ映画産業は、モンスターを次々と作り出したのだった。また、映画を製作することは、費用のかかる、リスクをかける事業なので、ハリウッドの企業家は、国内市場のために低いコストであつらえ直すことができる完成品を広く探したのである。それが、ゴジラが登場し

た背景である。

　『ゴジラ』の日本における上映の1年以内に、ロサンゼルスの少なくとも一つの日系映画館で、カットなしで日本語版を全編上映していた。とはいえ、多くのアメリカ人は、そのような日系映画館が存在していたことさえ知らなかったし、たとえ英語の字幕があったとしても、外国映画を見る気にはならなかっただろう。字幕が出るアート・シアターに通うアメリカ人は、ごく一部だったのである。外国映画を取り入れるもう一つの方法が、英語に吹き替えをすることだったが、『ゴジラ』をアメリカ人の好みに合わせるために、全く異なる策がとられることになった。アメリカの興行主が直面したさまざまな試練の一つは、もし、一切の妥協もなしに正確に英語に訳したとしたら、映画は、アメリカ人が馴染みにくく、内容の中に不快なものがあり、気分を害する可能性もあった。西側陣営の盟主と自負する国民にとって特に神経を尖らせたのは、それが直接的なものであっても間接的なものであっても、現代的なものであっても歴史的なものであっても、映画におけるアメリカの外交政策や軍事政策に対する批判的な言及であった。

　浮かび上がった解決策は、当時の三流のハリウッドのプロデューサー、リチャード・ケイ（Richard Kay, 1937-1987）とハリー・リブニック（Harry Rybnick）の発案だった。彼らの制作会社を装ったジュエル・エンタープライズ（Jewell Enterprises）は、1955年後期にアメリカ人のエドモンド・ゴールドマン（Edmund Goldman）から北米でその映画を配給する権利を購入した。ゴールドマンは、マンソン・インターナショナル（Manson International）という

名の会社を経営していたが、これより先に、東宝から25,000ドルという額で配給権を獲得していた。正確に言えば、東宝がロサンゼルスで経営していた小さな海外事業所が契約先となっていた。ゴールドマンとは対照的に、ケイとリブニックは、この投資に関してやれるだけのことはやろうと決めていた。彼らは、オリジナルの作品が、視覚的には素晴らしいが、アメリカの観客を惹き付けるには、かなりの手直しが必要であることが分かっていたのである。そして、彼らは、この修正を実行するのに有効な手段を有していたのである。

　ケイとリブニックにとって資金が必要だったのは、映画自体を一新するためだけではなかった。ハリウッドのメジャーな映画会社の支援を欠く、独立映画制作会社であったため、映画を広く大衆に宣伝しなければならなかったのである。そこで資本集めに取りかかった。10万ドルの投入は成長株の映画の興行主、ジョーゼフ・E・レヴィーン（Joseph E. Levine, 1905-1987）からだった。レヴィーンのEmbassy Picturesは、ボストンがベースで、テリー・ターナー（Terry Turner, 1947-）やエドワード・バリソン（Edward Barison）など、さらなるパートナーを加えた。同時にケイとリブニックはベテランの編集ディレクターのテリー・モース（Terry Morse, 1906-1984）を選び、プロの脚本家であるアル・C・ワード（Al C. Ward, 1919-2009）とともに物語を書き直させた。モースは、新しい映像を撮影し、その部分とオリジナルとをつなぎ、編集した。そして、カナダ生まれの将来有望なレイモンド・バー（Raymond Burr, 1917-1993）を、再編集した作品に登場させるために雇うことを決めたのもケイとリブニックだった。そうやって、

彼らは、多数の無名の日本人の名前の代わりに、アングロ・サクソン系の名前を国中のビルボードやポスターに記すことができたのだろう。その結果、映画は、*Godzilla, King of the Monsters!*（『怪獣王ゴジラ』）というタイトルとなり、センセーショナルに感嘆符（!）を獲得した。ちなみに、怪獣の英語名は、ゴールドマンと東宝との最初の契約上ではもうすでに Godzilla として書かれていた。つまり、英語化は、東京の制作会社が決めたもので、アメリカ人が考え出したものではなかった。混同を避けるために、本章では、1954 年の日本映画を『ゴジラ』、1956 年のハリウッド版を『怪獣王』と呼ぶこととする。

　正確な日数は資料によって異なるが、レイモンド・バーは『怪獣王』の追加部分の撮影に少なくとも 1 日、多くて 5 日間かかったそうである。英語の吹き替えは 1 日で仕上がったと言われている。それでも、最終的に出来上がった作品は、既存の場面と新しく挿入された場面とをかなり効果的に編集したものとなったのである。このようなパッチワークを可能にしたのは、ストーリーの工夫である。つまり、レイモンド・バーをスティーブ・マーチンというアメリカ人の記者として配役し、彼を主な出来事の証人として用い、半ドキュメンタリースタイルに仕上げたのである。ここで観客は、マーチンの声を一人称のナレーターとして聞くことになる。彼が記者会見や大戸島への調査隊に参加し、主要人物（といってもむしろ同じ服装をした替え玉の俳優たち）と話し、双眼鏡越しにゴジラが東京の街を破壊するスペクタクルを見ることになる。マーチンは、報道室に落下してきた天井の梁に打たれ、近くの仮に設置された診療施設で治療を受ける。そこで、映画の運

第 1 章　ゴジラと歴史

図 1-1　岩永とマーチン
『怪獣王ゴジラ』1957 年公開 © TOHO CO., LTD.

命のごとく、ヒロインである山根博士の娘、恵美子に遭遇する。『怪獣王』には、驚くべき量の日本語による会話が残されたままになっており、マーチンはしばしば、なぜかバイリンガルの相棒の岩永保全幹部に、日本人たちが何を話しているのか通訳するように頼んでいる（図 1-1）。マーチンの日本語は、時折「さよなら」と言ったりするものの、彼曰く「下手なのだ」。

　テリー・モースとその仲間は、新しい映像を加えたけれども、オリジナルの映像のかなりの部分を取り去った。『ゴジラ』は 98 分だったが、モースはそのうち 58 分間のみ残したため、二つの映画は大きく異なっているのは言うまでもない。概して、その違いは二つのカテゴリーに分かれる。一つ目は、あらすじに対する根本的な修正である。オリジナル版を構成していたロマンティック

19

な三角関係を強調する部分をいくつか削除する一方で、全体的にスティーブ・マーチンが演技の中心となるように工夫している。物語のメロドラマは、恵美子が父の若い弟子の芹沢博士と婚約していたにもかかわらず、海洋サルベージ会社に勤める緒方と恋に落ちるという設定から始まる(『怪獣王』では、緒方は、海軍を臭わせる「マリン・オフィサー」という紛らわしい表現を用いている)。恵美子と緒方の関係をポジティブに描き、最後に芹沢博士を文字通り犠牲にすることによって、戦後の多くの日本の大衆映画と同様に、当時の理想として「恋愛結婚」を表したのであった。愛情はあっても決して熱烈とは言えない、恵美子と父の弟子の芹沢博士のカップルは、ロマンティックな個人主義がますます流行する戦後のイデオロギーのもとでは、あまり魅力的に見えないようになったのである。実際、1947年に発布された戦後の「日本国憲法」は、男女ともに配偶者を選ぶ権利を保証した。一方、アメリカ人にとっては、こうした文化的背景についてはあまり知らされておらず、物語のメロドラマ的な要素はさほど魅力的ではなかったのかもしれない。したがって、観客の興味という点では、あまり失うものもなく、かなりの部分をカットすることができたのだろう。

もう一つの重要な違いは、二つの映画の政治的なニュアンスである。ゴジラの出現は、シナリオをみても、1954年3月の第五福竜丸事件をみても、アメリカによる核実験が原因であった。『ゴジラ』に暗示されたアメリカの核政策に対する挑戦と、アメリカ人のイデオロギーや愛国心との間に折り合いをつけるためには、巧妙な処理が必要とされた。実際、『ゴジラ』には、『怪獣王』で削

除されたシーンがある。『ゴジラ』では、日本の政治家が、怪獣の起源は水爆であると公表すれば深刻な「国際問題」となるかもしれないので、その事情を隠さなければならないと警告している。その台詞には、アメリカの名前が特に出ないが、アメリカに対する神経質な点は明らかである。

　しかしながら、『怪獣王』が反核の内容を剥がされた『ゴジラ』であるというのは、真相ではない。核爆弾の恐怖は、1950年代のハリウッドにおいては、タブーというよりもむしろドル箱だったのである。たとえ、誰かが隠そうとしたとしても、ゴジラの放射能のルーツを全く消し去ることは難しかっただろう。『怪獣王』には、十分に原子爆弾に対する不安が渦巻いていた。とはいえ、『ゴジラ』における核問題に対する言及の一部は、「国際問題」への危惧を生んだので、映画の改作者たちは、ある程度の修正の必要性を感じていた。それは、意識していようといまいと、政治的な理由だけでなく商業的にそしてハリウッドスタイルを維持するという理由でその必要性を感じたのである。こうした選択を、われわれはより広い地政学的で歴史的かつキネマ的な文脈において評価しなければならない。

　『ゴジラ』が反核の批判を提供したという事実よりもいっそう問題となったのは、この批判がハリウッドではない、外国の、しかもかつての敵国の映画業界から起こったことである。地政学的・歴史的に変化に富んだ10年以上の年月が、『ゴジラ』が『怪獣王』に変容する過程を形成したのである。自由主義世界に対するアメリカの責務が決して賢明でも公平でもないといった反米のニュア

ンスは、受け入れ難いものであったろう。まして、それが、アメリカの文化産業の中心であった1950年代のハリウッドにおいては、下手な商売になったに違いない。1956年までに日本は、東アジアにおけるアメリカの軍事上・政治上・経済上の要塞となっていた。当時、東アジア地方というのは、冷戦が朝鮮半島において熱くなったばかりで、「鉄」のカーテンに加えて、中国を包囲する「竹」のカーテンがかかっていた。ゴジラが生まれた国は、戦時中の敵国からアメリカの戦略的同盟国へとめざましい変容を遂げていた。その10年余りは、長い占領期、つまり、資本主義民主政治における見習い期間を含んでいる。そうした師弟関係、すなわち、守る者・守られる者といった権力構造が、『怪獣王』の中でレイモンド・バーの高くそびえる体格を通して視覚的に体現されている。また、彼の親しみやすいけれども微妙に人を見下したような雰囲気の中にも見て取れる。その姿は、マッカーサー元帥が小さな裕仁天皇の隣に立つ有名な写真を思い出させる。観客の中には、バーの存在を見て、アメリカが世界に対する強い影響力を持っていると安心する者がいたかもしれない。また、アメリカ当局がいつも世界の出来事に注意を払っていることも視覚化されている。ヒッチコックの傑作『外国特派員』（*Foreign Correspondent*, 1940）にも見られるように、アメリカのポピュラー・カルチャーが、マーチンの職業を、外国の陰謀や国家の利益の保護に関連するものとして扱っていたのである。

　『ゴジラ』と『怪獣王』の異なる結末は、日米両国の冷戦体制における不均衡な地位をも反映していた。一方は、超大国で自尊心の高いリーダーであり、もう一方は、慎重な追随者であった。『ゴ

ジラ』の最後の台詞は、間接的ではあるけれども、明らかにアメリカの権威に対する挑戦を意味していた。賢明な山根博士は、人道的な姿勢から、「もしわれわれが核実験を続ければ、また別のゴジラが世界のどこかに再び現れる」と厳粛に警告する。それとは対照的に、『怪獣王』の結論は、楽観的で安心を与えるものである。マーチンはゴジラの死についてこう語るのである。「恐怖は去った。全世界は再び目を覚まし生きる」("The menace was gone. The whole world could wake up and live again.")。

　1950年代のハリウッドのサイエンス・フィクションにしばしばあるように、外からの侵略は打ち負かされ、自由主義世界は無事にビジネスに戻り、将来の安全を確信して、観客は、安堵のため息をつくのである。マーチンが未来からさかのぼってナレーションを行っている映画の初めのシーンを思い出した人もいるだろう。そのシーンでは、ゴジラの破壊の跡が見えない東京の街が、既成の航空写真に映って現れ、マーチンは、東京が、最後には、元の状態に戻るだろうと予告している。同じようななだめる声で自信ありげに、俳優バーは、少し後に放送される『ペリー・メイスン（Perry Mason）』という人気テレビドラマで、再び、冷戦時のアメリカの父権主義を人格化するようになるのである。そして1956年当時のアメリカ人にとっては、まるで原子爆弾によって「破壊された」かのような街でさえ──ある批評家が言うように──資本主義の繁栄を取り戻すことができるだろうと確信することは、心地の良いことだったに違いない。

第3節　冷戦構造の中で

3.1　戦争の傷跡

　1954年当時の日本における『ゴジラ』の第一世代の観客にとって、太平洋戦争は最近のものであり、多くの点で生々しい記憶であった。人間の命や手足は、国土と同様に、視覚的に傷痕が残っていた。この歴史的な文脈は、当時は痛ましいほど明白であったが、半世紀以上がたった現在は、簡単に忘れられてしまう。19世紀の南北戦争以降、国土において全面戦争を見たことがないアメリカにおいては特にそうである。

　戦争の傷、特に太平洋戦争の傷跡は、『ゴジラ』には消えないほどに刻まれており、はっきり目に見えてわかる。例えば、そうした痕跡は東宝のスチール写真を使用した米国製のこのロビーカード（ロビーに置かれた宣伝材料。図1-2参照）に描かれた、階段を上る芹沢博士の顔に見られる。戦後の日本では、旧軍人には、眼帯など、戦争で負傷した印になるものがしばしばあった。そうした光景は日常ありふれていたので、日本の観客はおそらく博士の軍隊経験を直感で理解したであろう。ちなみに芹沢博士の顔には眼帯だけでなく目の下にも傷跡が残っているようだけれども、スチール写真では明らかではない。最近流通している映画の映像ではそれほど明らかではないが、デビュー当時の『ゴジラ』の日本製宣伝用ポスター（口絵2）がもっとはっきりとその傷跡を見せている。

第1章　ゴジラと歴史

図1-2　階段を上る芹沢博士と恵美子
『怪獣王』のロビーカード（筆者のコレクション）

　日本であろうとアメリカであろうと、映画ファンは、芹沢博士の目立つ容貌を「マッド・サイエンティスト」（狂気の科学者）というステレオタイプと結びつけたに違いない。文学や映画の作品は、そうしたステレオタイプとハンディキャップの身体を長い間結び付けてきたのである。原作では、山根博士の描写もマッド・サイエンティストの影響を受けていた。多くの戦後のミステリー作家と同様に、香山は、江戸川乱歩の戦前の作品（乱歩は、意図してアメリカのホラーの達人、Edgar Allan Poeをまねたペンネームを使っていた）に感銘を受けていたのである。その後、本多猪四郎と村田武雄による『ゴジラ』の脚本は、山根博士の古典的に風変わりな要素を芹沢博士という人物に移し替えたのである。『ゴジラ』の最終版つまり映画では、芹沢博士は、陰鬱な洋館に住み、

25

そこでクラシック音楽を聞き、泡立つビーカーとあらゆる種類の奇妙な装置が詰まった地下の研究室で長い時間を過ごすのだった。

本多が監督した『ガス人間第一号』（*The Human Vapor*, 1960）のなかにもマッド・サイエンティストの生まれ代わりが見られる。アメリカでの宣伝用スチール写真（図1-3）に描かれるように、この映画の悪徳科学者である佐野博士（写真の左側）は、変わったガラス容器を並べて、芹沢博士の地下室（図1-4）のような陰鬱な実験室で働いている。佐野博士の右側の頬には芹沢博士の傷跡よりももう少し容易に認識できるメーキャップでつくられた傷跡がある。脚本は佐野博士の傷跡の説明はしないが、日本人のある世代の観客には、戦時中に受けたものだと想定したかもしれない。

図1-3　『ガス人間第一号』の佐野博士（左側）
アメリカの宣伝用スチール写真（筆者のコレクション）

第 1 章　ゴジラと歴史

図 1-4　地下室の芹沢博士（左側）
『ゴジラ』©1954 TOHO CO., LTD.

　『ゴジラ』や『ガス人間第一号』に見られる顔の傷のような戦争にまつわる苦悩の跡は、現在人々が抱く広島や長崎のイメージと比べると、マイルドである。その理由は、ジャンルと関係がある。なぜなら、怪獣映画の恐怖は、普通の人々の恐ろしい行為に焦点を当てるよりはむしろ、人間の苦悩をモンスターのキャラクターの中に染み込ませるからである。怪獣映画と異なり、ドラマ映画やドキュメンタリー映画においては、物語を人間の世界にとどめる傾向があるかもしれないが、それでも表現できるものと表現できないものがある。言い換えれば、表現は、ジャンル上の制限や歴史的制限の範囲で展開しなければならない。1995 年に起こったスミソニアン博物館のエノラ・ゲイの展示をめぐる騒動が、太平洋戦争が集結したずっと後になっても示したように、もっとも物議を醸すアメリカにおける視覚的な検閲は、戦争責任や原爆投下

の罪悪感といった歴史的問題と関わっている場合が多いのである。

3.2 敵国から同盟国へ

アメリカの検閲は、占領期には、日本の大衆が広島と長崎の原爆の破壊に関する情報を読んだり、その生々しいイメージを見ないようにかなりの努力を注いだ。そうした知識が占領下の人々の間に反米感情を助長するかもしれないと恐れたのは明らかだった。うわさは遠く広まったが、ほんの少しの日本人だけが、原爆投下直後の状態を直接見たのだった。『ゴジラ』の監督の本多猪四郎は、その一人で、1946年のはじめに中国の捕虜収容所からの帰国の途で、彼の乗った電車が広島を通過したからである。占領軍が去った1952年以降まで、日本の映画制作者は、あまりオープンに原爆のことを表現することができなかった。その後の日米安全保障体制下、そうした状態が続いたのである。

しかし、日米同盟といっても、敵国同士としての過去が、冷戦期のそれを複雑にしていた。『怪獣王』の中のもっとも著しいカットや沈黙の部分は、冷戦時代の緊張というよりもむしろ日本をアメリカと戦わせた太平洋戦争の長引く傷跡に由来する。当時両国は同盟国であったからこそ、過去の敵意について言及することは、国家政治の面でも個人の感情の面でも複雑な問題をもたらしたのであった。

『ゴジラ』を最初に見た日本人の大部分の観客は、戦争を直に見たわけだった。彼らにとっては視覚的・聴覚的な暗示、つまり、空襲のサイレン、荒れ狂う火災、都会からの疎開、夜のサーチラ

イト、停電、担架、避難所にぎっしり詰まった人々、くすぶる建物の残骸などは、心の傷を背負ったあの時代の生々しい記憶を呼び起こすのに十分であった。二国間の戦争体験に関する歴史的な違いがあったために、レイモンド・バーが視覚的な恐怖を増すように、例えば、「別世界の生き地獄への訪問となった」というような重苦しい台詞を補足する必要があった。同時にこの種の戦争体験は、実際アメリカ人にとっては「別世界」のものだった。そうした事実は、映画が醸し出す居心地の悪い空気から観客を守り、戦争を思い出させる部分をふるいにかけ削除するのを容易にしたのである。

　一方、日本人の観客は、広島・長崎以前にも、何十万人もの市民が、アメリカの焼夷弾による空襲の結果、死亡し、負傷し、家を失っていたので、わざわざ思い出す必要がなかった。日本の都市の中でもっともひどく爆撃を受けたのは東京であり、連合国軍がマリアナ諸島を攻略した戦争後期には、ほぼ毎晩、東京湾を渡って飛行するB-29機がナパーム弾を大量に投下したのであった。歴史学者の田中利幸が指摘しているように、ゴジラは夜になると東京に重大な被害を及ぼすが、東京に近づくルートはその爆撃機と同じ南方からであるのは決して偶然ではない。同様に、過去と現在が『ゴジラ』の1シーンに集結する。そのシーンでは、母親が二人の子供と肩を寄せ合って歩道の上で縮こまり、ゴジラが銀座方面を破壊する様子をじっと見上げている。そして「もうすぐ、お父ちゃんのところに行くからね」と迫り来る壊滅状態を覚悟し、息子と娘に言うのである。日本人の観客の多くは、その女性が戦争未亡人であり、彼女が自分の夫は太平洋上あるいはアジア大陸

で連合国と戦って戦死したと推し量っただろう。このシーンは『怪獣王』では手をつけないままであったが、アメリカ版の映像の脚本家であるモースとワードは、故意に会話自体を訳さないままにしておいたのである。大部分のアメリカ人は、かすかに発された言葉に気がつかないだろうし、ましてや理解することなどできないだろう。その結果、その女性は、歴史とは無関係の匿名の人物となり、彼女の顔に現れた強く心に訴える表情は、巨大な怪獣が引き起こす一般的な恐怖を反映する以上のものには見えないのである。

都会の焼夷弾による空襲の光景を蘇らせることに加え、『ゴジラ』は、広島・長崎の原爆による破壊について視覚的・言語的言及を行う。日本の観客は、災害の犠牲者とガイガー・カウンターを手にする医者の光景を目の当たりすると、二都市に思いを巡らせる可能性が、アメリカの観客よりずっと高かったのだろう。核のホロコーストの地球規模におよぶ危険が、直接的にも間接的にも多くの1950年代のアメリカ映画に刺激を与えた題材である。一方で、アメリカ人の観客にとって核兵器を実際の戦争で使用した唯一の国が自分の国であり、しかもそれが皮肉にも現在の同盟国に向けたものであったという事実を考えるのは、決して心地よいことではなかった。ましてや、その描写が道徳的で批判的な含みを持っていると思ったならば、いっそうそうであろう。おそらく多くのアメリカ人戦争体験者は、原爆投下や空襲へのどんな言及も、ジャップという言葉を連想せずに飲み込むことはできなかっただろう。

第1章　ゴジラと歴史

　『怪獣王』の脚本家のモースとワードは確かにそのような微妙な部分に気づいており、それゆえ、『ゴジラ』のもっとも重要なシーンの一つをカットすることにしたのである。そのシーンとは、ゴジラの東京襲来直前に、三人の会社員（一人の女性と二人の男性）が混雑した通勤電車に乗っているシーンだった。ゴジラ関連の見出しが載っている新聞を手に持ち、次のような会話を進める。

女性の会社員	「いやあね。原子マグロと放射能雨と。その上今度はゴジラときたわ。東京湾にでも流れ込んできたらいったいどうなるの」
年配の男性会社員	「まず真っ先に君なんか狙われる口かね」
女性の会社員	「うん、いやなこった。せっかく長崎の原爆から命拾いしてきたのに。大切な身体なんだもの」
若い男性の会社員	「そろそろ疎開先でも探しとくかな」
女性の会社員	「私のもどっか探しといてよ」
年配の男性会社員	「ああまた疎開か。いやだな」

会話の口調は、シリアスというよりもむしろおしゃべりという感じであるが、その内容は過去と現在および現実と空想上の出来事を混同させるよう機能する。「原子マグロ」とは1954年の第五福竜丸事件への間接的な言及である。この事件の結果、日本だけでなくアメリカや他の国々でも消費者が放射能汚染を恐れ、マグロを買い控えることになった。

　電車のシーンが示すように、『ゴジラ』のシナリオは、フィク

ションではあるが、上映当時、1954年前後の現実の事件だけでなく、長崎の原爆投下の数日後に終結した太平洋戦争の大惨事も思い出させるのだった。おそらく観客は疎開について語る若い男性の乗客が戦時中、空襲を逃れるために田舎に疎開したと推測したであろう。三人の会話は、ゴジラが単なる放射能の恐怖だけでなく、20世紀の総力戦にまつわるあらゆる軍事技術をも具体化していたことを証言している。第二次世界大戦を戦った国々の中で、大量破壊の新技術に最も依存していたのは、戦場から遠く離れた豊かな国アメリカだった。アメリカ人で知っている人は少ないが、連合国の焼夷弾による日本列島の空襲の犠牲者が、二回の原爆投下の犠牲者とほぼ同数であったのである。また、日本軍による中国の都市空襲も忘れてはならない。

だが、大量破壊の武器の使用は、枢軸国よりも連合国の方が得意だった。特にアメリカ人は、歴史上、大量破壊兵器を好んできた。その結果、自国民が戦争から数千マイル以上離れた安全な所でその影響から遮断される一方で、戦争の被害は拡大していくのである。そうした意味でビキニ環礁での核実験は、継続プロジェクトにおける一つのエピソードに過ぎなかったと言ってよいかもしれない。

長崎とブラボー・ショット（「汚染マグロ」）の二つの事件を同じ台詞に持ち込むことによって、『ゴジラ』は第二次世界大戦の悲劇の教訓と進行中の冷戦の状態を結びつけた。両方の争いは、日本の目の前で恐ろしい破壊兵器の新技術を解き放したのである。苦しむのは、列車でおしゃべりをする会社員や歩道で肩を寄せる

母親のような普通の人々であると映画は暗に示している。日本の戦後の反核・平和運動における女性の大きな存在を考えると、どちらの場合でも、女性が選ばれたことは驚くことではない。非常に効果的に、『怪獣王』は二人の女性の一人は抹消し、もう一人は沈黙させている。また、保守的な男性の国会議員がゴジラが出現した原因（核実験）をごまかそうとすると、大部分が女性議員の集団が抵抗する声も訳さないままにしている。いやむしろ、もとより、アメリカの観客は男性の最初の提案を聞くことができなかったのである。これらの全ての変更が、意識的に一貫してイデオロギー的な戦略を適応したためであると考えるのは誤っているだろう。時間の制約や、物語の配慮、言語の難しさ、ジャンルの決まり、および業界の組織の違いなどの他の要素が明らかに関係していたのである。それでもなお、アメリカの観客がオリジナルの『ゴジラ』の中核となる政治的な側面を見たり、聞いたりすることはなかったということは否定できないだろう。

　それでもやはり、原子怪獣は原子怪獣だ。アメリカの『怪獣王』の宣伝ポスターは、ゴジラの放射能の一息を「死の光線」としてごまかすが、ガイガー・カウンターが犠牲者の身体のそばでカタカタ言っているとき、科学者でなくても何が起こっているかわかっただろう。また、山根博士が『怪獣王』のなかで、ゴジラの誕生が「度重なる水爆実験によるものだ」としか言わず、アメリカともソビエト連邦とも特定しないが、アメリカ人の観客の中には、ソ連のみを非難するほど単純な者もいなかっただろう。ゴジラの犠牲者に見られる「奇妙な火傷」（マーチンのナレーション）は、10年以上もの間、アメリカ人の無意識の中に刻み込まれていた。

その視覚的なイメージは、その抑圧された罪悪感を明るみに出す力を持っていた。ボストン紙のある批評家の目には、『怪獣王』の壊滅的な都市の光景を、「日本に原子爆弾を投下した後の実写の映画のように見える」と、本物と疑って記している。そして「不快な景色だ」と結論付けた。

1950年代のアメリカ人の多くが、ショーを楽しんだだけの理由で、原爆禁止の請願書にサインをすることは想像し難い。香山滋の原作では、架空のウィルソン大統領が、核兵器開発の中止を公表するが、現実のアイゼンハワー大統領はそのようなことをするはずはない。しかし、『怪獣王』の主人公ゴジラは、冷戦期のアメリカ人の核に対する意識に、深い足跡を刻み、最もよく知られた原子力時代のイコンとしての道を歩みはじめたのである。もはや世界に躍り出る用意ができていた。

＊本章はウェブサイト「 GROWING UP WITH GODZILLA 」(www.growingupwithgodzilla.org）の翻訳・修正である。

第2章
ゴジラとタイムズスクエア

扉絵2　無名の観光客が撮影したニューヨーク市・タイムズスクエアの写真
（筆者のコレクション）

グレゴリー・M・フルーグフェルダー
Gregory M. Pflugfelder

　米国で最も良く知られた日本のイコンが、2014年夏、アメリカの銀幕に戻ってきた。ワーナー・ブラザーズによる *GODZILLA*（2014）の上映開始のかなり前から、ゴジラのイメージが、テレビ・コマーシャル、ポスター、ライセンス商品などによって、アメリカ人の視覚的環境に浸透していた。私が2014年春にタイムズスクエアを訪れたときには、この歴史ある怪獣が、駅の上にそびえる巨大なビルボードから私を見下ろす姿が印象的だった。本章ではアメリカにおける「ゴジラ」のイメージ形成の背後にある歴史的文脈について考察したい。

第1節　ニューヨークへの軟着陸

　ほとんどの米国人がゴジラを日本の産物だと思ってはいるが、彼は、アメリカのポピュラー・カルチャーの歴史上の拠点である、タイムズスクエアももう一つの住処にしてきたのである。それは彼が誕生以来、東京を破壊してきたのと同じくらいの長い間である。世界中で認識されているものの、母国語を持たない（そして人間に理解される声さえも発しない）ゴジラは、米国においてはそうしたコンテクストの生き物だ。なぜなら、1954年の東宝制作『ゴジラ』のハリウッド版『怪獣王ゴジラ』（*Godzilla, King of the Monsters!* 以降、『怪獣王』と記す）が、1956年4月27日、東海

岸での二つのプレミアの一つ(もう一つはボストン)を上映したのは、ブロードウェイと45丁目通りに位置するローズ・ステート劇場(Loews State Theatre)だったのである。タイムズスクエアにあるこの劇場の場所は、かなり皮肉なものだと言える。なぜなら、1945年8月14日の夕方、何十万人ものニューヨーカーが大日本帝国に対する戦勝を祝うために殺到したのが、世界的にも有名なこのスクエアだったからである(図2-1)。その11年後、彼らは、豪華なタイムズスクエアにある劇場の一つに——恐らくチケットを買った人の中には知らなかった人もいるだろうが——かつての敵国によって制作された映画、しかもアメリカの外交政策の批判とも受け取られる作品を鑑賞しに集まってきたのである。

　映画研究者は、たいていの場合、『ゴジラ』が『怪獣王』になった過程を物語のレベルで論じている。その議論は、とても興味深いけれども、編集作業は、あくまでも改作という過程の一部にすぎないのである。文化史の専門家でもある私が関心を惹かれたのは、世界中の多様な観客が日本のゴジラを受け入れることができるグローバルなイコンにするために設けられた、さまざまな視覚的戦略である。タイムズスクエアは、この問題を考える際に有効な出発点となる。というのは、タイムズスクエアという場所は、銀幕の裏に隠されていた背景、つまり豊かな視覚的環境を提供してくれ、それが『怪獣王』とアメリカのポピュラー・カルチャーとの密接なつながりを示すからである。また、さらに、ゴジラのアメリカへのソフト・ランディング(軟着陸)が、過去60年以上、世界中で存続する「ゴジラパワー」についてもわれわれに教えてくれるかもしれない。

図 2-1　1945 年 8 月 14 日、ニューヨーク市・タイムズスクエアにおいて大日本帝国の降伏を祝う群衆

報道写真（筆者のコレクション）　©Associated Press.

　報道写真の裏側の貼紙には次のように書かれている。「戦争は終わった！トルーマン大統領が日本の降伏を発表してまもなくニューヨークのタイムズスクエアは、このような姿だった。約 200 万人の人が、叫んだり、歓喜したり、ラッパを吹きながら、24 ブロックにもおよぶ地域をぎっしり埋め尽くした」。アルフレッド・アイゼンスタット（Alfred Eisenstaedt）が看護婦と水兵がキスをし合う、かの有名な写真を撮ったのも、報道写真の上方に見える偽物の自由の女神像の近くだった。その女神像の前のミニチュアは、小さくて見えづらいけれども、もう一つのイコン的なイメージ、ジョー・ローゼンタール（Joe Rosenthal）が 1945 年 2 月に硫黄島で写した星条旗を掲げるシーンを呼び起こす。

ゴジラは、環境に合わせて姿を変える巨大なカメレオンとも言えるだろう。1956年の4月か5月にタイムズスクエアで無名の旅行者が撮影した写真は、うまい具合に周りと調和することができる、彼の不気味な能力を表している（扉絵2）。写真の中のその姿は、3週間にわたってニューヨークでデビュー上映を行った「怪

図2-2　無名の観光者が撮影したニューヨーク市・タイムズスクエアの写真（ローズ・ステート劇場が通りの左側に位置する）
1956年4月か5月頃に撮影（筆者のコレクション）

獣王」の力をも示している。ローズ・ステート劇場は、写真（扉絵2）の中央に見えるが、タイムズスクエアの東側、ブロードウェイ1540番地にあたる。そこは、現在、赤々とまばゆいばかりのライトに照らされた壁だけが見え、劇場はもう存在しない。1956年当時の劇場の看板は、それほどまばゆくなかったが、それでも色彩が華やかで、黄色の背景に赤い文字でGODZILLAと書かれているのが見える。その上にはほぼ四階の高さに、死の光線を歩道に放つ「怪獣王」ゴジラを描いた看板がかすかに見えている。

1956年の映画批評において、ニューヨーク・タイムズ紙のボズレー・クラウザー（Bosley Crowther, 1905-1981）は、ゴジラの「核の息」をもう一つのタイムズスクエアのランドマークに喩えている。そのランドマークとは、ローズ・ステート劇場の1ブロック南にある、1966年まで煙（正確には蒸気）の輪を吹かしているキャメルの煙草のビルボード広告であった。この比喩は、クラウザーがショーを見た後、近くにあるタイムズ新聞社の自分のオフィスまで歩きながら考えついたものだということが想像に難くない。彼は、自分がその日観た映画を高く評価しなかった。『怪獣王』を「品行方正な」ローズ・ステート劇場で見る価値のない、「安物のホラー映画の類い」だと揶揄したのである。

1956年のタイムズスクエアに並んだ、華やかなアメリカ文化のイコンの中で、四階建てのビルと同じ高さの緑色の怪獣（ゴジラは日本では従来灰色であるが）は、その場所にぴったりとはまっている（扉絵2）。ゴジラが歩行者を生きたまま丸焼きにしている看板のちょうど左側のビルに、皮肉にも「100％ビーフのホット

ドッグ」（ALL BEEF FRANKFURTERS）と書いた白い看板がある。もっと目立つのは、ボンド洋品店の屋上に立つ二つのマンモスサイズのペプシの瓶とキャップ（実はこれは時計なのだが）である。その屋上には、滝も作られていたが、残念ながら写真には見えない。ゴジラの正反対側の、ブロードウェイを越えたところには、縦長の看板で「AUTOMAT（オートマット）」と掲げている（図2-2）。「オートマット」とは、自動販売機のことで、コイン式の機械から食品が出される完全セルフサービス式のカフェテリアのことである。今はもうほとんどなくなってしまったが、1950年代当時は、アメリカの技術の効率性と資本主義の豊かさのシンボルとしてもてはやされていた。写真に写っているタイムズスクエアのこの店は、先駆的なホーン・アンド・ハーダート（Horn & Hardart）チェーンのフラッグシップのレストランの一つとして、特に名を馳せていた。当時のこのような装置がどのように機能するか知りたい人は誰でも1962年に女優ドリス・デイ（Doris Day）を売り出した映画『ミンクの手ざわり』（*That Touch of Mink*）で脇役のオードリー・メドウズ（Audrey Meadows）が自動の食物ストッカーを動かしているのを見さえすれば分かる。

本章を書いている現在、ロードアイランド州では、対日勝戦記念日という公式の休日が8月の第2月曜日に祝われている。こうして今日まで、前例のない破滅的な太平洋戦争の記憶が引きずられているのだが、終戦からたった11年後に、日本製の映画がタイムズスクエアの呼び物になったということは、大したものである。アメリカ人は、「パール・ハーバーを忘れてはならない」と10年以上にわたって言い続けてきた挙げ句にだ。確かに、アメリカで

の興行成績に貢献したのは、巧妙に改作されたストーリーライン（レイモンド・バーの登場など）と政治的に機転の利いた編集であった。カット＆ペーストの仕事は、ニューヨーク・ワールド＝テレグラム・アンド・サン紙の批評家に「（アメリカの）映画会社が日本に行って、この奇妙なストーリーの大部分の撮影を行った」と信じ込ませたのだった。

　しかし、ゴジラのタイムズスクエアへの軟着陸を成功させた要因は他にもあった。それは、ゴジラの無言とカメレオンのような環境適応力である。つまり、歴史上特別な背景を持つ新しい市場の事情、別の言い方をすれば、観客が劇場に持ち込む、文化的で心理的な気質といったものに応じて解釈される能力のことである。『怪獣王』が、もし、米国のローカルな環境にそれほどうまく適応していなかったなら——例えば、もし映画がもっとあからさまに、「日本の」作品として公言されていたならば——ワールド＝テレグラム紙の読者は、恐らく単に「奇妙な」ものとして見なしただけでなく、受け容れてもいなかっただろうし、観客として映画と一体化できなかったであろう。逆に言えば、その場合、日本からやってくるシネマが、日本のものだと明確に認識できる「品行方正な」ものであること、つまり、芸術性を売り物にするアートシアターが上映する黒澤明監督作品と同類であることを好むボズレー・クラウザーのようなタイムズ紙の知識人批評家が、ローズ・ステート劇場での華々しいスリルを、「安物のホラー映画の類い」だと揶揄し、ハリウッドのホラー映画と同様に却下することにもそれほど快楽を見い出さなかっただろう。

第2節　『怪獣王ゴジラ』のアメリカ版ポスターの非日本性

　これらの視覚的で文化的な力学はタイムズスクエアのような大規模な都会の環境だけに働くものではない。もっと凝縮した形で、映画ポスターの2次元の空間内でも機能している。予想通り、『怪獣王』の一枚のポスターに描かれている図像には――恐らく1956年春には、ローズ・ステート劇場かその近くにこのようなものが貼られていたであろうが――日本製の映画であると分かる手がかりはほとんどない（口絵1）。ポスターには「600万人の都市」（a city of 6 million）と書かれているが、付近を通り過ぎてこれを目にする者は、特にマンハッタンに住んでいたならば、緑色のゴジラが「死の光線」によって焼き尽くす無名の街を東京でなく、同じくらいの人口を有するニューヨークと勘違いしたかもしれない。『ゴジラ』の監督は本多猪四郎であるが、ポスターを見ると文字が小さいため、簡単に見逃しやすい「I. HONDA」は別として、日本的な名前や顔は注意を引いていない。その代わり、デザインの制作は、ハリウッドのB級映画や大衆小説（パルプ・フィクション）のお決まりのやり方を踏襲している。『怪獣王』のアメリカのプロモーターの動機は、いわば、当時の円安から利益を絞ることにあった。したがって、彼らの視点から見れば、「安物のホラー映画の類い」とは、クラウザーが意図していたほど辛辣な言葉ではなかったのかもしれない。ハリウッドのホラー映画と簡単に間違えられることこそ彼らの望むところであった。

　『怪獣王』のアメリカ版ポスター（口絵1）が持つ視覚的な力は

かなりのもので、都会の風景を覆う大量破壊のインパクトから大きなエネルギーを得ている。さらに詳しく見ると、この構成の心的効果は、ポスターの下の端に描かれたさまざまな男性や女性の顔の配置に大きくかかっているということがわかる。というのは、潜在的な観客は、男性であれ、女性であれ、このポスターを見てこれらの顔の中に自分を見つけて置き換え、いつか自分がその犠牲者となりうることが想像できる仕掛けになっている。この類いの表象は、少なくとも映画『キングコング』（1933）の時代にさかのぼる、都会の恐怖を表すキネマ的なイコノグラフィーの一部を形成している。逃げ惑う群衆の中には、後ろを振り返る人は数人しかいない。恐怖の源を確かめようと振り返るのは自然な行為であるが、そうすると、われわれポスターを見る人には彼らの表情がわからなくなる。そこで、ポスターの作者は、過半数の人の顔をわれわれの方向に向け、表情がはっきりと見えるように工夫を施している。その表情は衝撃と恐怖に刻まれており、われわれが彼らと同様の感情を経験できるようになっている。とはいっても、実際には、映画のチケットの代償として大惨事のスペクタルを安全に楽しめるのも彼らのおかげである[1]。

　宇宙から来た緑色の小さな人であろうと日本から来た緑色の大怪獣であろうと、エイリアンの侵略という空想の脅威は、1950年代のアメリカの映画館の席を埋めるのに大いに役立った。冷戦時

1）『怪獣王』のアメリカ版ポスターの名前不明の作者は、1954年のハリウッドの空想恐怖映画 *Killers from Space* の宣伝材料から、その中で最も目立った人間、男性と女性のカップルのイメージをリサイクルしたのであった。視覚の心理作用の力学については、拙論「『タイガー』、玩具の銃」『美術フォーラム21』第20号、62-65頁において議論している。

代のアメリカの観客が直面した架空の恐怖がどんなものであったとしても、あるレベルでは、映画が終わったら、自分たちは無事で、しかもリフレッシュした気持ちで映画館を出ることができると分かっていただろう。

　しかし、共感する危険のスリルを体験するには、自分が想像上の犠牲者とある程度同一化できることが必要なのである。これが『怪獣王』のアメリカの興行主が、日本人キャストの存在感を意図的に排除した理由の一つである。同様の理由で、映画の地理的な設定についても、宣伝担当者は、日本が舞台と言及しつつも、富士山や桜などのエキゾチックなステレオタイプを再生産するのではなく、アメリカ合衆国やその他の先進国と共通する、日本の都会的で工業的な景色を選んで描いたのである。そうでなくては、どうやって合衆国の映画ファンが自分たちの「文明が崩壊する」（CIVILIZATION CRUMBLES）のを想像し、座席で震えることができただろうか。

　つまり、このポスターに描かれた日本は、おそらく歴史と国籍を抹消された日本と言えよう。最も重要な歴史的な抹消の一つは、核兵器にかかわる政治に関するものである。つまり、2年前に、日本の『ゴジラ』の観客が負の記憶を喚起する体験をした問題である。1954年3月の「第五福竜丸」事件は、アメリカの水爆実験の「死の灰」が風に運ばれて、近くの海域で偶然漁をしていたマグロ漁船にふりかかって起こったのだが、それが、映画『ゴジラ』制作に強いインスピレーションを与えたのであった。放射能障害にかかった乗組員の一人が同年9月には死亡するなど、事件の話題

は、『ゴジラ』上映の11月頃までニュースとして取り上げられていた[2]。だからこそ、日本の宣伝ポスターは、『ゴジラ』を「水爆大怪獣空想映画」と名付けていた（口絵2）。1950年代のアメリカの映画観客は、確かに大怪獣の愉快なパラノイアに慣れていたのである。ハリウッド映画の『原始怪獣現わる』（*The Beast from 20,000 Fathoms*, 1953）や『放射能X』（*Them!* 1954）などに現れる空想上の生物がその好例である。しかしながら、アメリカ人は、核に対する不安を処理するには、深刻な反省というよりも、現実逃避の空想を好み、それによって核兵器をめぐる道徳的責任を回避しようとしたのだった。関川秀雄監督が原爆投下の日の広島の市民生活を描いた『ひろしま』（1953）のような政治色が濃い作品でさえ、映画が「観客を座席から吹っ飛ばす」と約束し、爆破を不吉に暗示したセンセーショナルな宣伝文句でアメリカの市場に売り込んでいるのは注目に値する。

第3節　永遠の戦士としてのゴジラ

太平洋戦争の敵国から冷戦の同盟国になった日米関係の急速な変化は、ゴジラのイコンの中に現れている。その背後にはいつも戦争の影が潜んでいた。『怪獣王』が1956年にローズ・ステート劇場（図2-3）で上映されていたときも、アメリカの海兵隊を募集する看板が劇場のドアから少し離れた歩道に立っていたことは、相当な皮肉であったとしても、タイムズスクエアという場所に合っ

---

[2] 音声と映像による解説の拙論 "The Unluckiest Dragon"（*Gojira/Godzilla, King of the Monsters!* dual DVD, Criterion Collection, 2012）は、その事件とポピュラー文化における反響を扱っている。

図2-3 ニューヨーク市・タイムズスクエア、ローズ・ステート劇場の入り口
『怪獣王』のアメリカ版プレスブックに載った写真。劇場の入り口が上方に見える。プレスブックのデザイナーは、イメージを緑に染め、それがずっとアメリカでのゴジラのイコンとしてのカラーになったのである。(筆者のコレクション)

ていたように思われる。同様に、2014年の春にも、真新しい軍人センターが、ミッド・スクエアからアメリカ人に軍隊への召集を呼びかけている光景が見られた。こうした文脈においてゴジラが近くの地下鉄の入り口の上でテロリストのポーズをとっており、時代の移り変わりを象徴していたのは非常に面白い。

　ゴジラをタイムズスクエアに密輸入するには、たいていの観光客が必要とするよりもいっそう多くのカモフラージュが必要だったかもしれない。しかし、その努力は明らかに実を結んでいた。ビジネス上の利益だけでなく、文化的なイコンとしての持久力という点から見てもそうである。緑色に包まれたゴジラの侵略以来、タイムズスクエアは、人間であれ怪獣であれ日本からの訪問者を大勢迎えている。ゴジラを生み出した東宝は、1963年から1965年までニューヨークに独自の劇場を経営していた。東宝シネマ（Toho Cinema）は、現在マリオットホテルが立つ（図2-4）45丁目通りに面し、タイムズクウェアから目と鼻の先にあった。劇場はすでに姿を消しているが、東宝は、現在に至るまでタイムズスクエアに拠点を置き、マリオットホテルから2ブロック下がったところにオフィスを構えている。2014年の春、ゴジラの強大な姿がタイムズスクエアにそびえ立つのを見たとき、私には、彼が馴染みのある場所に戻ってきたようにも見えた。

　ちょうどゴジラの物語が1956年に終結しなかったのと同様に、彼にとって居心地の良い住処も、最近では、東京やタイムズスクエアをはるかに超えて広がって来ている。1950年代以降、世界を何回も周遊したゴジラは、カメレオンさながらにそれぞれ輸出先

図 2-4　ニューヨーク市・タイムズスクエア、東宝シネマ（TOHO CINEMA）の入り口。雑誌『ショー』（Show）に載った写真。1963 年 1 月頃撮影

同じアメリカでも、『怪獣王』の興行主による帰化戦略とは対照的に、よりハイカラな東宝シネマは、ニューヨーク市の中心で、上映する映画の日本らしさを強調し、アメリカ人にとってはエキゾチックな内装の中で「着物を来たホステスによって主管された」という。（筆者のコレクション）

の現地の歴史的・文化的状況に合わせて、そして各地の視覚的なレトリックを吸収しながら、姿を変えてきたのである。2014年の春のゴジラのタイムズスクエアへの再来は、引き続き暴れ回る一歩にすぎなかったのである。

＊本章は、*Impressions: The Journal of the Japanese Art Society of America* 36（2015）に掲載された論文を翻訳・修正したものであり、Japanese Art Society of America（www.japaneseartsoc.org）の許可を得て出版するものである。[3]

---

3) This chapter is a modified translation of the author's essay in *Impressions* 36 (2015), and is published with the permission of the Japanese Art Society of America (www.japaneseartsoc.org).

第3章
ゴジラ映画に見るアメリカ人の心情
―― 『怪獣王ゴジラ』から『モスラ対ゴジラ』まで[1]

扉絵3 *Godzilla, King of the Monsters!* 1956

池田淑子
Yoshiko Ikeda

第1節　序論

　2014年7月、初代『ゴジラ』(1954)のリブート版『GODZILLA ゴジラ』(2014)が公開されてからアメリカでは再びゴジラブームが巻き起こった。当時、「手がつけられないほど勢いに乗った」("unstoppable")[2] 次期大統領候補であったトランプ(Trump)氏をGodzillaのようだと語ったメディアは、その年の冬に北米を襲った記録的な大寒波を "Snowzilla"、過去最大のエルニーニョ現象を "Godzilla El Nino" と呼んだ。ゴジラという名前のレストランや伐採サービスを行う会社が現れたかと思うと、最近新しく発見された天体はNASAとその研究チームに「ゴジラ座」と名付けられた。このようにGodzillaという語は、アメリカ文化の一つの基準となっている。なぜアメリカ人はGodzillaにこれほど愛着を示すのだろうか。本章は、この問を初代のゴジラ映画の受容にさかのぼり、考察を試みるものである。特に、初代『ゴジラ』(1954)のゴジラ表象は、象徴として多義的ではあるものの、当時の日本人にとっては、明らかにアメリカの代理表象でもあり、反戦・反核・反米の色彩が強いものである。にもかかわらず、当時、大部分の国民

---

1) 本章および第4章・第8章で紹介する映画のプレスブックはすべて編者・訳者のコレクションである。
2) 本章で紹介する新聞や雑誌の引用は全て筆者の拙訳である。

が原爆投下の正当性を信じていたアメリカで、なぜゴジラは広く受け入れられたのだろうか。第1章と第2章で論じられた当時のGodzillaのニューヨークへの軟着陸に関する解説を基盤に、本章ではさらにこの問いの探求を進めたい。

　初代『ゴジラ』（1954）は、アメリカでどのようにアメリカ版 *Godzilla, King of the Monsters!*（『怪獣王ゴジラ』以降『怪獣王』と記す）（1956）となったのだろうか。どのように新しい映像が付加され、編集され、修正され、吹き替えられ、変容され、そしてそれが宣伝され、受容されたのか。また、第二作『ゴジラの逆襲』（1955）、第三作『キングコング対ゴジラ』（1962）および第四作『モスラ対ゴジラ』（1964）もアメリカ版においてどのような修正・編集が加えられ、受容されたのか。本章は、初代作品をはじめとする昭和シリーズ前半4作品の受容について相対的に検討したい。また、それらの作品群を同時代の核や怪獣を描きヒットしたアメリカのサイエンス・フィクション映画の作品群と比較・対照する。そうして縦横的に、『怪獣王』について歴史的・政治的・社会的・文化的な考察を深め、当時のアメリカ社会におけるゴジラ表象が担う文化的な役割を探求し、その後のゴジラ映画の受容を分析する手がかりとしたい。

第2節　*Godzilla, King of the Monsters!*『怪獣王ゴジラ』（1956）,『ゴジラ』（1954）

2.1　辛辣な批評と記録的なヒット

　アメリカ版ゴジラの制作・配給の鍵を握るのは、ボストンを拠

点にした配給会社のジョセフ・レヴィーンである[3]（第4章参照）。東宝から映画『ゴジラ』（1954）の版権を購入したジュエル・エンタープライズのリチャード・ケイとハロルド・ロス（Harold Ross）がレヴィーンのもとに映画を持ち込んだのである。彼は、映画業界では、マーケティング戦略においてパイオニア的存在であった。映画市場をテレビ番組に普及させたのも彼である[4]。アメリカ版のタイトルは、*Godzilla, King of the Monsters!* であり、日本では文字通り『怪獣王ゴジラ』と訳されている。この『怪獣王』の監督にアメリカ人のテリー・モースが採用されたのである。

第4章で、デイビッド・カラハン（David Callahan）氏が詳細に説明するように、『怪獣王』は、アメリカでは、まず大都市の主要な市場で上映され（1956年4月27日にニューヨークで、1956年7月18日にロサンゼルスで上映されている）[5]、それから次第に小さな市場で、別のホラー映画と同時上映された。その後、全国放送もしくはローカルなテレビ局で放送されたのだが、1950年代、1960年代、1970年代、1990年代に繰り返し放送されている。また、1980年代以降、VHSやDVD版が利用できるようにもなった。

後に、特殊効果や音楽についてポジティブに評価する記事が多数みられたが、当時の映画批評は、大部分が辛辣な批判だった。ニューヨーク・タイムズ紙のボズレー・クラウザー（Bosley Crowther）は、「ひどい」（awful）および「こどもじみている」（childish）（1956年4月28日号）、また「単に怖がらせるためだけだ」（simply

---

3）AFI（American Film Institute）CATALOG of FEATURE FILMS
4）A.T. McKenna. "Joseph E. Levine: Showmanship, Reputation and Industrial Practice 1945-1957" PhD Thesis. University of Nottingham. 2008
5）AFI CATALOG

meant for scare)（1956年5月6日号）と批判し、ニューズ・ウィーク誌も、「Godzilla は古いアメリカ映画だと言ってもたやすく通るだろう」（1956年5月14日号）と論じるなど、ネガティブなものがほとんどだった。ただし業界誌 *Variety* だけが、「400フィートもの高さの「モノ」が（中略）炎を吐き出すと顕著にリアルなところがある」（1956年4月25日号）と記している。それでは、ネガティブな批評が大半であるにもかかわらず、なぜ Godzilla は大ヒットしたのだろうか。1959年7月6日にロサンゼルスの午後9時に9チャンネル（KHJ 映画劇場）で放送された時には319万2千人の視聴者があり、視聴率は45.6％であったという[6]。

　本章では第2章の宣伝ポスターの解説に加え、プレスブックや新聞などでどのように宣伝されたのか、さらに詳しく見てみよう。まず、公開前の販売戦略で強調されているのは、ゴジラの「巨大なサイズ」（gigantic size）である。オリジナルでは約50メートルだったゴジラの身長が、150フィートから500フィートまで拡大されている。宣伝によってさまざまだが、ニューヨーク・タイムズ紙は「400フィート」と記しているし、プレスブックやトレイラー（映画予告）などでは、同年リバイバルが大ヒットした『キングコング』を引き合いに出し、「キングコングも（ゴジラの前では）小人だ！」（Makes 'King Kong' look like a midget!）がキャッチ・フレーズとなっている。まさしく、タイトルの通り、「怪獣王」として紹介されている。第2章でフルーグフェルダー氏が指摘したように、最初の宣伝においては「脱日本化」というのが重要な点であると言える。ポスターもプレスブックもゴジラの体の

---

6) LA ARB July Report, 1959.

色は緑色で、叫び逃げ惑う人々の国籍や「日本」という言葉は、どこにも見られないのである（口絵1、扉絵3）。それでは、映画の中身はどう変わったのだろうか。物語がどのように修正され、ゴジラのイメージがどう変わったのかを見てみよう。

2.2 ハリウッド化

新しい映像も編集も完全にモース監督に託されていた。デイビッド・カラット（David Kalat, 2012）によると、モース監督は、撮影に3～4日、編集に3～4週間かけてこのアメリカ版を仕上げたという[7]。新たな登場人物レイモンド・バー扮するアメリカ人記者を撮影し、新しい映像を加え、オリジナルを大胆にカットし、英語の吹き替えを行い、今では想像もつかないほど自由にアメリカ版を編集したのである。後に字幕付きのオリジナル版が発売され、広くアメリカで見られると、「アメリカ化である」とひどい非難を受けたのは当然である。しかしながら、言うならば、この物語は、「アメリカ化」というよりも古典的なハリウッドスタイルのアメリカ映画なのである。

当時ほとんどのアメリカ人が見たゴジラ映画は、このモース監督が自由にそして短期間で仕上げた『怪獣王』なのである。フルーグフェルダー氏が論じたように、宣伝ポスターやプレスブックからは、日本製の映画とは全く分からず無国籍だと言える。しかしながら、いったん映画が上映されると、スクリーンの世界は、観衆のアメリカ人にとって、人間も風景も異質な別世界が開けてくるのである。モース監督は、東京を訪れゴジラの惨事に遭遇する

---

7) クライテリオンコレクション版付録の語録（David Kalat, *Godzilla, King of the Monsters!*, 2012）。

ワールドニュースのアメリカ人記者マーチンを主要人物として新たに加え、物語世界と観客をつなぐ役割を与えている。当時レイモンド・バーはアメリカでよく知られており、観客のアメリカ人は、見慣れない多くの日本人のキャストが登場するなかで、アメリカ人のマーチンに同化し、彼の視点から物語を見ることができる仕掛けになっているのである。マーチンは新たに加えられた保安官の岩永といつも行動し、日本語の多少わかるマーチンは、多くの場面でナレーターの役割も果たし、吹き替えがなく映像だけでは理解できないような場面を岩永（そして実際には観客）に解説する（図1-1）。そういった仕掛けが、ドキュメンタリー・タッチのアメリカ映画に仕上げているのである。加えて、ヒロインの恵美子と恋人の緒方、そして芹沢博士の三角関係が物語上強調され、ハリウッド映画のメロドラマ風になり、これがアメリカナイゼーションと呼ばれる大きな理由の一つであった。

　日米の研究者の多くは、このアメリカ版をオリジナルと比較し、アメリカ人の観客に受け入れられるように脱日本化され無害化され、ハリウッド仕立ての骨抜き映画になったと批判している。確かに、アメリカ版では、マーチンを含んだ新しい映像を加え、編集することによって、政治色はオリジナルと比較するとかなりトーン・ダウンしている。大胆にそして自由に、反核・反戦、米国批判につながるメッセージ性の強い場面や台詞が削除され、吹き替えによって巧妙に編集された。こうして映画は観客が興味のあることだけに焦点を当てることを可能にしている。

　第1章で詳細に論じられたように、例えば、ゴジラに襲われた母子の、戦争を連想させる台詞は吹き替えられておらず、長崎の被爆の経験を語る三人の会社員のシーンや緒方が水爆実験に言及

するシーンは削除された。なかでも、日本版ではゴジラを葬った化学兵器オキシジェン・デストロイヤーを発見し考案した芹沢博士が、科学が人間に悪用されることを恐れ、自身の発見とその不安の間で苦悩する姿を表す台詞、

> 「もしもいったんオキシジェン・デストロイヤーを使用したら、原爆対原爆、水爆対水爆、その上さらにこの新しい恐怖の武器を人類の上に加えることになる。それは科学者として、一個の人間として許されるはずはないだろう」

という台詞は、アメリカ版では、

> 「悪い人の手に渡ったらどうなるのか？」
> "What if it is used by the wrong hands?"

という非常に短い曖昧な台詞にすり替えられている。その結果、芹沢博士の核技術に対する過去や現在そして未来への疑問が取り除かれ、フルーグフェルダー氏が論じるように、アメリカ映画における科学者のステレオタイプになってしまうのである。地下室で秘密の実験を繰り返し、映画『フランケンシュタイン』（*Frankenstein*, 1931）のように、命がけで自分が行った実験に対する責任を取ろうとはするが、日常から離れ取り憑かれたように地下室で秘密の危険な実験を繰り返す、単なるマッド・サイエンティストと同じになってしまうのである。

しかも、第1章でも指摘されたように、日本版で芹沢博士が自分の命と引き換えにゴジラを倒した後のラストシーンで、山根博

士が水爆実験について警告する台詞、

「あのゴジラが最後の一匹だとは思われない。もし、水爆実験が続けて行われるとしたら、あのゴジラの同類がまた世界のどこかに現れてくるかもしれない」

は、アメリカ版では、マーチンの

"The menace was gone. So was the great man. The whole could wake up and live again"

という言葉にすり替えられるのである。しかも日本でも翌年の1957年に海外版として『怪獣王』が上映されたのであるが、日本版の『怪獣王』では、「脅威は去った。偉大な男も。そして地球は救われた」と字幕が付けられているのであるが（VHS）、英語版の後半部分の「全世界は再び目を覚まし生きることができるだろう」という言葉が翻訳されていない。また、重々しいオリジナル『ゴジラ』とは対照的に、アメリカ版『怪獣王』では、報道記者が

「世界中の皆さん，ゴジラは死んだ。国土を再建するために乾杯しよう」
"People of the world, Gojira is dead. Give us a drink to rebuild our beloved land"

と前向きなメッセージが加えられているが、日本で上映されたいわゆる海外版『怪獣王』では、今度は give us a drink （乾杯しよ

う！）という部分が訳されていない。こうしてオリジナル版の『ゴジラ』のラストシーンは、互いの社会的な文脈に都合よく合わせ、アメリカ版『怪獣王』では、「人々は暮らしを再建する」という前向きなメッセージに巧妙に塗り替えられているのである。

ミュッソフが『ゴジラとは何か』（1998）の中で、アメリカ版『怪獣王』は日米間の問題の痕跡を削除し、「核の問題」を除外・隠蔽したと論じるように、確かに、芹沢博士の科学者としての心の葛藤と原爆および東京大空襲の傷跡を描いた日本の終戦直後の98分の怪獣映画が、見慣れない人間が核攻撃の破壊から生き残り、回復する半ドキュメンタリー・スタイルの80分のメロドラマに捏造され、日本社会の核と科学の間で葛藤するメンタリティやアメリカによる原爆の投下から生じる重要な問題がアメリカ版から抹消されていると言えるだろう。

2.3 核と放射能の誇張

しかしながら、放射能や被爆に関連する映像の多くはそのまま使用されており、台詞はカットされたり、全く別の台詞に置き換えられたりはしているが、映像とともに台詞を詳細に見てみると、核実験や放射能に関する表現においてはオリジナルの日本版よりもかえっていっそう強調されていることが分かる。

例えば、ゴジラの火炎放射で人間を影に変えてしまう映像、ゴジラの頭の形がキノコ雲を連想させる映像、第五福竜丸事件を暗示した漁船備後丸が被爆するシーン（図3-1）は、そのまま残されている。なかでも船員たちの被爆シーンは、日本版ではまだ観客も何が起こっているのか明確には分からないオープニング・シーンで単なる漁船の遭難事故のように描かれているが、アメリカ版

図3-1 船上の被爆シーン
Godzilla, King of the Monsters![8]

では焦土と化し廃墟となった東京の街がオープニング・シーンとして描かれ、その後に廃墟となった原因としてゴジラの出現が漁船事故として強調され導入されている。アメリカ版では、記者マーチンのナレーションの

「文明の基礎を揺るがすような尋常でない出来事が今、正に起ころうとしている」
"An unusual incident was about to take place that shakes the foundation of the civilized world"

という解説の後、漁船の被爆シーンが映されるのだ。

---

8) 図3-1はTHE CRITERION COLLECTION, DVD EDITION GODZILLAの*Godzilla, King of The Monsters!* より静止画像を取り込んだものである。

この第五福竜丸の事件を表したシーンは、1954年当時、ビキニ諸島での水爆実験の映像「ブラボー・ショット」に大きな衝撃を受けたアメリカ国民には、大きなインパクトを与えていると思われる。実際1970年代にヒットした「カウンター・カルチャー」として登場する、ロック・オカルトグループのブルー・オイスターズ（Blue Oysters）の『ゴジラ』という曲のプロモーションビデオでは、この被爆シーンが、

> 「どのように自然が人間の愚かさを指摘するか歴史は何度も示している」
> "History shows again and again how nature points up the folly of men"

という字幕とともに、繰り返し何度も続けて映されていた。筆者は2014年秋にはこの映像をYouTubeで見ることができたのだが、再度見ようとした翌年の3月には残念ながら削除されていた。
　また、大戸島で、山根博士を長とする使節団が、ガイガーカウンターで放射線量を測るシーンでは、放射能に対する言及として、オリジナルでは、「危険だ、放射能だ」という一度だけにとどまるが、アメリカ版では、

> 「この井戸は汚染されている。危険だ。そばから離れろ。危険だ。素手で土砂を触ってはいけない」
> "This well is contaminated. Dangerous! Get away... Dangerous! Do not touch it with bare hands!"

と、放射線の危険性を何度も繰り返し強調しているのである。アメリカに関連して核を取り上げはしないが、「核怪獣」という点では、オリジナルよりも印象が濃くなっているのである。第1章で論じられたように核怪獣は、当時のアメリカにおいては「ドル箱」だったのである。

　次に、日本版のゴジラ表象の放射能以外の要素とも比較してみよう。オリジナル版の嵐とともに現れる大戸島の伝説の怪獣のエピソードは、境内での天狗の仮面を用いた儀式の映像とともにマーチンの解説でそのまま採用されている。しかしながら、この自然を神のように畏怖し敬う日本独特の表現は、アメリカ人の観客にとっては、時代錯誤な世界と映るだろう。K. Park と L. Daston (2006)[9] によると、アメリカ人が自然やモンスターを神のように畏怖していたのは16世紀の頃までであり、19世紀以降、科学の発展によりそうした伝説を信じなくなっている。実際、ニューヨーク・タイムズ紙などの記事でゴジラは「古いタイプの怪獣」と批判されていた。しかし、山根博士が国会で報告した（英語で吹き替えられ、そのまま使用されているが）水爆実験によって安住の地を奪われた太古の恐竜というイメージは、20世紀半ばまでアメリカで流行した博物館で見られた「見世物ショー」（freak show）のように、教授や学者が科学的に説明するというパターンを踏襲し、日本のゴジラ映画の前年に制作されヒットした『原子怪獣現る』（*The Beast from 20,000 Fathoms*）にも取り入れられている、受け入れやすいものであったのであろう[10]。

---

9) Katherine Park and Lorraine Daston, *The Cambridge History of Science*. Volume 3. New York: Cambridge University Press.
10)『原子怪獣現る』にしても1840年代から1940年代までの間アメリカ人の大衆の

アメリカ版のゴジラは、少し時代遅れには見えるものの、水爆実験で突然変異した400フィートの巨大な恐ろしい生物、都市を一瞬で廃墟と化し、世の末を黙示するような破壊力（破壊の圧倒的なパワー／エネルギー）を持つ、不吉な前兆のような凶暴で恐ろしい怪獣を作り出しているのである。

このゴジラの不吉で恐ろしいイメージは、戦時中アメリカ人が日本人を描いたプロパガンダ映画のイメージ、例えば、1944年の「われらはなぜ戦うか」の『中国の戦い』で中国の都市を躊躇いなく破壊する、不気味で邪悪な日本軍のステレオタイプ的なイメージと奇妙に重なる[11]。また、ゴジラ表象にまつわる時代錯誤的なイメージも、そしてエンディングの論理（大惨事は起こったが無事に過ぎ去り平和が戻ったというロジック）も、第二作・第三作のアメリカ版に同様に引き継がれているのである。

第3節　*Gigantis, the Fire Monster*（1959）、『ゴジラの逆襲』（1953）

3.1　Godzillaの名が抹殺された怪獣Gigantis

アメリカ版『ゴジラの逆襲』は、現在は文字通りの翻訳 *Godzilla Raids Again* というタイトルが用いられているが、アメリカの議会図書館で調べた限り、少なくとも1959年および1960年代は、

娯楽のために、フリークショー（見世物ショー）で、しばしば「教授」と呼ばれるショーマンが、自然の普通ではない奇妙なことに対する生い立ちや経歴などについて説明するパターンを踏襲している。

11）拙著『映画に見る日米相互イメージの変容―他者表象とナショナル・アイデンティティの視点から』（2014）の第2章を参照されたい。

Gigantis, the Fire Monster というタイトルで上映されていたことは明白である[12]。特撮はそのまま残しながら、怪獣からは「水爆」という特色が消え、代わりに火を吐く怪獣（Fire Monster）として宣伝され、「ゴジラ」という名前さえもどこにも見られない。映画のポスター、プレスブック、そして新聞記事の広告を見ると、ゴジラとアンギラスの区別がつかず、両方とも火を吐く竜のようにさえ見える（図3-2）。その原因は、東宝から『ゴジラの逆襲』を最初に購入したAB-PT[13] が破産し、ポール・シュレイブマン（Paul Schreibman）とエドモンド・ゴールドマン（Edmund Goldman）が映画の配給権を獲得したが[14]、それを配給するワーナー・ブラザーズがパラマウントよりゴジラの名前を使用する許可を得られなかったため、ジャイガンティス（Gigantis、ラテン語から派生した「巨大な」という意味）と名付けられたからと言われている[15]。またあるいは、最初から全く新しいタイプの怪獣を生み出したかったからだとも言われているが、実際、この火を吐く怪獣（fire monster）がゴジラであることを認識している記事は1950年代および1960年代には一つも見つからなかった。このアメリカ版の批評もまたひどいものであった。

---

12) Proquestで検索したで新聞記事の宣伝や映画批評を *Godzilla, Raids Again* で検索すると、1959年には *Variety* で映画の版権の獲得について1件のみヒットがあったが、1960年代・1970年代は0件だった。また、*Gigantis, the Fire Monster* で検索すると1959年には12件、1960年代にはテレビで放送されたものについて5件あった。

13) American Broadcasting and Paramount Theatre

14) David Jampel. "Japanese Arters Wow Critics, But Horror Films Get Coin." *Variety*, April 15, 1959, p. 46.

15) Bill Warren, *Keep Watching Skies! American Science Fiction Movies of the Fifties*. MacFarland & Company, 2016, pp. 338-339.

第3章　ゴジラ映画に見るアメリカ人の心情

図3-2　*Gigantis, the Fire Monster* プレスブック表紙

　1959年6月16日のニューヨーク・タイムズ紙は,『ロダン』(*Rodan*) と、1959年6月17日のワシントンポスト紙は *Born Reckless*[16] と、それぞれ本映画と二本立ての上映を広告している。しかしながら、映画専門誌 *Variety* の1959年5月27日の批評では、特殊効果については「日本の小型模型の仕事は素晴らしく良くできている。恐竜のような動物がバリバリと家屋を踏み潰し、電車や高圧線を破壊していく様子は面白くワクワクする」[17] と高く

---

16) 1958年アメリカ公開の西部劇。当時日本では公開されておらず、DVDおよびVHSも販売されていないため邦題がない。

17) "The Japanese miniature work is remarkably good. Scenes of the dinosaur-like

評価していたが、「ワーナー・ブラザーズによって上映された日本製の映画だ。科学空想映画のエクスプロイテーション（売込み）映画に対する下手なつまらない試み」[18]とこき下ろし、吹き替えもひどいと批判している。1959年6月17日のボストン・グローブ紙は、「おそらく日本の10代の若者はこの種の物を怖がるかもしれないが、アメリカの若者は大笑いするだろう」[19]と揶揄しているである。その理由は、アメリカ版がどのように変更されたのかを見ると理解できる。

3.2 悲劇がコメディに

まず、アメリカ版ではプロローグとして新しい映像が付け加えられている。それは、水爆実験のブラボー・ショットの映像で始まる。そしてそのショットの後、ミサイルの発射、ロケットの発射と、サイエンス・フィクションのような映像が繰り返された後、日本のマグロ漁と農業を営む人々の映像が時代錯誤的に挿入されている。それではオープニングのナレーションを調べてみよう。水爆実験の映像とともに、次のナレーションが始まる。

「これが水爆実験の爆発であり、人類の歴史上、新しくぞっとする時代の始まりとなった。恐しいキノコ雲が宇宙の彼方へらせん状に上って行き、新しい恐怖が20世紀の人類の道具と

---

animal crunching his way through houses, traffic and high-tension wires are interesting and exciting."

18) "Gigantis is a Japanese-made film being released by Warner Bros. It is an inept and tedious attempt at an exploitation film."

19) "Perhaps Japanese teenagers are scared of this sort of thing. American kids roar with laughter."

なった」

ロケットが発射され、宇宙へ行く映像とともに、さらに次のナレーションが聞こえる。

「それ以上にあるいは等しく恐ろしいロケットは、人類がその科学的な旅を文明という奇妙で怖い道を進むにつれて毎日宇宙へ離陸することになる。世界中で新しい軍事科学者のチームが巨大で機械的なモンスターの完成に加わった。(中略) ミサイルとロケットが上空を音を立てて通過すると、人間は最後には他の惑星にたどり着き、自分たちの世界の外にある世界に答えを見つけ出そうとするのだ。しかし、人間が住む宇宙の神秘を紐解こうとすると、この地球上には、まだいっそう暗く邪悪な秘密があるのではないかと (中略)。人類は、一歩進み、数歩さがるのか？」[20]

---

20) *Gigantis, the Fire Monster* のオープニングのナレーション。
 "This is a blast of a hydrogen bomb, which has inaugurated a new and frightening era in the history of man. As the awesome mushroom cloud spirals upward into the outer reaches of space, a new terror becomes the instrument of man in the twentieth century … More and equally deadly rockets and missiles are taking off daily into space as man continues his scientific journey along civilization's strange and terrible road. All over the world, new teams of military scientists join in the perfection of the giant mechanical monsters … As the missiles and rocket scream through the upper atmosphere, man hopes to ultimately reach other planets, seeking to find the answers to worlds outside his own. But as he attempts to unlock the mystery of the universe in which he dwells, are there not darker and more sinister secrets on this planet, the Earth, still un (answered), still baffling and defying man. With each step forward, does he not take several steps back? This then is the story of the price of progress to a little nation of people."

そして

　「それでは、これから、進歩の代償を払った小さな国民の物語がはじまる」

という言葉とともに映像が変わる。当時の先端技術を讃えるかのような宇宙ロケットなどのショットの連続とは対照的に、このナレーションの後に続く映像は、まるで「一時代昔の人々」と言わんばかりに、水田で農作業をする映像が「勤勉な人々」(hardworking)という言葉とともに流される。このプロローグ、吹き替え、そして後の怪獣の襲来を説明するエピローグの映像によって、日本版では、怪獣の決闘に焦点を当てながらも大阪の空襲などの第二次世界大戦の苦悩と戦後の復興を同時にシリアスに描いていた物語内容が、アメリカ版では、そういったアメリカの影（負の部分）は抹消され、大胆にコミカルな物語内容に改作されているのである。

　つまり、プロローグで他の映画[21]などから取った映像を新たに採用し、ナレーションと共にアメリカのロケットなどを映した新しい映像と日本の農村や漁村の様子を映すことでアメリカ社会と日本社会を対照的に描いた後に、オリジナルのオープニング・シーンが登場する。そして主人公の月岡が小型飛行機で空を飛ぶシーンにつないでいる。このシーンは、日本版では静かでのどかなものであったものが、アメリカ版では、アップテンポなサウンドトラックが挿入され、月岡の声が、アメリカの喜劇俳優キー・ルー

---

21) Academy of Motion Picture Arts and Sciencesの "Index to Motion Picture Credit" によると、*Unknown Island*（1948）や *One Million B.C.*（1940）などがある。

ク（Keye Luke）によって吹き替えられているため、明るくコミカルなシーンに作り替えられているのである。物語全体を見ると、怪獣に街を襲われ工場を建て直さなければならない上に、ゴジラを退治するために友人が命を落としてしまうという月岡の周辺を描いたシリアスなオリジナルの物語世界が、遠い異国の小国で起こる、文明の遅れた日本人の世界を紹介するコミカルな世界になっていることに驚きである。

　物語の後半は、日本版では、アンギラスをやっつけたゴジラを退治しようと、飛行隊が氷山を爆撃し落ちてきた氷で氷詰めにし、何とか難を逃れるが、月岡の友人は爆撃の際に命を落とす。したがってエンディングは、機上の月岡が涙を浮かべ、「小林、とうとうゴジラをやっつけたぞ」と心の中で想う切ないシーンになっているものが、アメリカ版では、怪獣を攻撃した後、命を落とした友を想いうつむく月岡のショットの直後、「犠牲になったパイロットに感謝の意を表す」というナレーションとともに、突然神社で人々が一斉に彼に感謝し、お辞儀するショットが流され、封建的なイメージの可笑しなシーンが挿入されたかと思うと、その後にすぐ月岡が恋人と一緒に夕日を見るシーンに移り、

> 「空の月を見上げると、幸せの感情が心に戻り、これからはいつもずっと一緒でもう一度幸せに暮らすことができるだろう」
> "As we looked up the moon in the sky, the feeling of happiness came to our hearts. We were all together for all time now and we coutld live ourlives once more in happiness … "

という月岡の吹き替えでロマンティックな音楽とともに終わる。

この結末に流れている議論は、『怪獣王ゴジラ』と全く同じである。つまり、「小国日本に災難は降りかかったが、無事去ったのでまた平和が戻った」というロジックになっているのである。また、怪獣はゴジラとは呼ばれないが、怪獣にひどい目に遭う人々の姿は、初代の『ゴジラ』および戦時中のプロパガンダ・アニメーションに描かれた日本人のステレオタイプのように、少し滑稽でかつ時代錯誤に思われるような人々として描かれているのである。

　アメリカ版の第1作目と第2作目が表すゴジラとジャイガンティスの物語世界は、続けて分析するとその連続性が明確になる。戦時中および終戦直後にアメリカ人が描いたアンビバレントな日本のイメージとその背景にある考えと全く同じなのである。一方で不気味で不吉で恐ろしい『怪獣王』のGodzillaのイメージ、野蛮で獰猛な怪獣のイメージは、ドキュメンタリーのプロパガンダ映画『我らはなぜ戦うか』の当時アメリカにとって「敵国」である日本軍のイメージであり、もう一方で、巧みな映像処理・編集によって作り出された、後進的で劣っていると言わんばかりの、見下し馬鹿にしたような人々の描写は、戦時中アニメーションでポパイやバッグズ・バニーと対比して頻繁に描かれた能無しで滑稽な日本兵の差別的なイメージとぴったりと重なり合う。

　日本版では、ゴジラに関する作戦会議の場面で山根博士が、「オキシジェン・デストロイヤーを失った今、この2匹の水爆怪獣と戦う手だてはない」と悲観的に嘆きながらも、ゴジラの光に対する反応に言及し、できる範囲で科学的に分析し、東京を防護しようと述べている台詞が、アメリカ版では、「手立てはない。もう神に頼るしかない」と神頼みの台詞に取って代わられ、科学知識を重んじる合理的な人間から非科学的で精神主義的なアナクロニズ

ム的人間に塗り替えられているのである。

　このようにブラボーショットに見られるような核実験の強調されたイメージと時代錯誤的なステレオタイプ的日本にまつわるイメージが、第3作目で日米合作になった『キングコング対ゴジラ』のアメリカ版のゴジラ映画にも受け継がれる。そしてそうしたイメージが、次の映画では、怪獣Godzillaにも投影され、ついに日本のシンボルとしてアメリカを代表するキングコングと戦うことになる。

第4節　*King Kong vs. Godzilla*（1962），　　　『キングコング対ゴジラ』（1962）

4.1　最高の売り上げ作

　この作品は最初、『キングコング』の特撮監督で有名なウィリス・オブライエン（Willis O'Brien）によって考案されたが、アメリカでは話がまとまらず、東宝の田中プロデューサーに持ち込まれた作品である[22]。そこで東宝の30周年記念映画として夏休みの子供のための娯楽映画として製作された。日本では売り上げが1億円を超え、ゴジラ映画の中でも最も集客率の高かった作品であるが、アメリカでも272万5000ドルを売り上げ、大ヒットした作品でもある（図3-3）。

　映画に関する記事もほとんどが全て売り上げに関するものであ

---

[22] Kalat, David. *A Critical History and Filmography of Toho's Godzilla Series.* Jefferson, North Carolina, and London: McFarland & Company, Inc., Publishers, 2001. p.56

図 3-3 *King Kong vs. Godzilla* プレスブック
左図は表紙、右図は page 5

る。例えば、*Variety* は、最初の1週間の売り上げを、1963年7月24日付でロサンゼルスの三つの劇場で1万9000ドル、7月31日付ではデンバーで1万6000ドル、8月14日付ではサンフランシスコで1万5000ドル、8月21日付ではピッツバーグで最初の1日で2万ドルの売り上げとなったと記している。ただし、内容に関しては批判的なものがほとんどである。1963年6月27日付ニューヨーク・タイムズ紙が「ハリウッドの初期映画と日本のホラー映画が安っぽく再現したこの映画について少々驚いたのは、そのインチキで愚劣なところ」[23]とこき下ろし、7月6日付クリスチャン・サイエンス・モニター誌も「ほとんど全ての馬鹿げた下手な会話は英語で吹き替えられたものだ」[24]と吹き替えを非難している。そして7月14日付ニューヨーク・タイムズ紙は、「『キングコング対ゴジラ』は早くドルを獲得することを追求し意図的に続けたのだ」[25]と結論づけている。

4.2 アメリカ vs 日本

こうした内容に関する厳しい批評にもかかわらず、大ヒットとなった理由を今度は物語内容をたどりながら考えてみたい。監督の本多猪四郎は、Godzilla のイメージをソフトにし、恐ろしい怪獣ではなく、親しみのある動物のように表現し、子供向けの映画に仕上げているが、アメリカ版では、アメリカを象徴するキングコングと比較されるがゆえに、キングコングより劣った怪獣とし

---

23) "The one mild surprise of this cheap reprise of earlier Hollywood and Japanese horror films is the ineptitude of its fakery."
24) "Nearly all the ludicrously inept dialog is in dubbed English, including the grossest misstatement of them all … "
25) "King Kong vs. Godzilla" … purposefully perpetrated in pursuit of the fast dollar."

て改作されている点が特徴である。まずは、オープニング・シーンを比較してみよう。日本版では、有島一郎演じる薬品会社の宣伝部長と部下のコマーシャルに関するコミカルなシーンから始まるが、アメリカ版では、ドキュメンタリー・タッチに、『怪獣王』のように、アメリカ人の登場人物として国際連合の記者エリック・カーター（Eric Carter）を導入し、東京で何が起こっているかを報告する。アメリカ人の科学者は、日本の当局にアドバイスをする役割で登場し、日本人より優れた科学者として描かれている。そしてさらに、日本版ではキングコングと平等に描いていたゴジラを、アメリカ版では、巧みにキングコングより劣った怪獣として描写するのである。例えば、キングコングが人間のような仕草を見せるシーンや格好悪く見えるシーンは極力カットされており、知力に至っては、アメリカ人の科学者が、キングコングの方がGodzillaよりも脳の部分が大きく頭脳が発達しているなどと解説する映像を新たに加え、キングコングの方が生物学上進歩しており、頭が良いことを明示している。

興味深いのは、キングコングが住む南の島を、日本版では、アメリカ映画『キングコング』（*King Kong*, 1933）が描いたように、その島に住む人々を文明の遅れた野蛮人として描いている点である。これは日本の戦時中のアニメーション『桃太郎　海の神兵』（1945）に登場する南洋の動物たちのイメージと奇妙にも重なる。そして日本版ではその南の島を国外と位置付け、自分たち（つまり日本人自身）と切り離すのに対し、アメリカ版では、日本の領土内として言及している。つまり、南洋諸島の人々を自分たち（日本人自身）より劣っている民族として描いていた日本版とは裏腹に（皮肉にも）アメリカ版では、南洋諸島を日本の領土と位置付

け、日本人および南洋諸島の島民を一括りにし、アメリカ人自身とは区別して切り離し、そこで進歩した文明と遅れた文明という文明の境界線を表現しているのだ。ゴジラとキングコングの決戦は、日本版では引き分けと暗示していたにもかかわらず、アメリカ版では、キングコングの勝利として明確にナレーションで示されているのである。

　日本版との大きな違いは、核兵器に関する言及においてである。例えば、日本版では核兵器については全く言及されてはいないけれども、アメリカ版では、Godzilla を抹殺する方法として核兵器が度々言及されている。それも三度である。一度目は、例えば、日本版では「日本にゴジラが来る危険性あるのでしょうか」という新聞記者の質問を、アメリカ版では「核兵器を使用するか」という質問にすり替えられている。つまり、日本版ではゴジラの帰巣本能に関する説明が、アメリカ版では核兵器の使用の問題に変えられている。二度目は、作戦会議中に、日本版では自衛隊の司令官が核兵器の使用を否定するのに対し、アメリカ版では核兵器の使用を強調する。三度目は、エンディング・シーンで、日本版では、核兵器については何も言及せず、博士が「自然への回帰」の必要性を問うのに対し、アメリカ版では、国際連合の記者が、キングコングが故郷に帰ったことと核兵器を使用する必要がなかったことを説明する。つまり、最初の二作『怪獣王ゴジラ』と *Gigantis, the Fire Monster* では放射能や核爆発の映像や台詞が流されたが、実際に核兵器の使用に関する表現は、間接的なものにとどまったのに対し、この作品ではその使用が恣意的に強調して取り上げられ、巧みにアメリカとも関連づけられ、Godzilla にまつわる核のイメージがいっそう強調されているのである。

こうして『キングコング対ゴジラ』のテーマも先の二作と同様に、核兵器に関連し、さらにアメリカ人の日本人に対する優越感もしくは自尊心といったアメリカ人自身のアイデンティティ（国民性）とも関わり、それがゴジラとキングコングの表象を通して語られているのである。次の第4作目では、新しい映像がほとんどなく、吹き替えもかなりオリジナルに忠実に行われているが、それでもやはり、アメリカの地政学的文脈の中で論じられる核兵器の役割と日本人の描写はオリジナルと比較すると微妙に修正されている。

第5節　*Godzilla vs. The Thing*（『モスラ対ゴジラ』）（1964）

5.1　正体不明の怪獣モスラ

　第4作目の『モスラ対ゴジラ』のアメリカ版 *Godzilla vs. The Thing* は、アメリカン・インターナショナル・ピクチャー（American International Pictures, AIP）が1964年6月にアメリカとカナダにおいて上映する権利を得[26]、広く全米的に配給した最初のゴジラ映画である。新聞記事の宣伝を見ると、10月の大都市での全米展開前に、8月頃に小さな市場から始め、次第に売り上げを伸ばした経緯がわかる。しかも前作と同じく二本立てで、*Voyage to the End of the Universe* とともにドライブ・イン・シアターなどで上映している[27]。AIP は『モスラ対ゴジラ』を *Godzilla vs. the*

---

[26] *Variety*, June 17, p.20
[27] 1964 October 6, Hartford Courant

第 3 章　ゴジラ映画に見るアメリカ人の心情

図 3-4　*Godzilla vs. The Thing* プレスブック
左図は表紙、右図は裏表紙の一部。

Thing にタイトル名を変えている。図 3-4 のプレスブックやポスターからわかるように、わざと The Thing（怪獣モスラ）の姿を描かずにクウェスチョン・マーク（？）をつけ、秘密にしている。

　「これまでこのようなものがスクリーンに現れたことはない」
　"Nothing like this ever on the screen"

や、

　「世界でもっとも恐ろしい怪獣の誕生を見よ！」
　"See the BIRTH of the world's most terrifying monster!"

と宣伝し、正体を明かさずに観客の関心を引く戦略を立てているのである。
　内容に関する当時の批評もさまざまである。例えば、1964 年 9

月18日付けの *Variety* では、「事実上全て日本人のキャストで見なれない顔」[28]と記している。これまでの作品とは異なり、アメリカ人の観客が同一化する登場人物や怪獣（キングコングのこと）がなく、観客にはかなり違和感があるように見られる。そしてニューヨーク・タイムズ紙は相変わらず「嘆かわしい」（deplorable）と痛烈に批判し、かつ、A-1評価（家族にお推めの映画）をもらっていることに異論を唱えている[29)30)]。それでは内容について詳しく見てみよう。

5.2　アメリカの核の傘下にある日本

　シリーズが進むにつれて、次第に映像もほぼ同じものが使用され、吹き替えの台詞もほとんど同じ意味が伝わるように訳されているが、この作品もこれまでのシリーズと同様に、核兵器と放射能については内容がすり替えられ、強調されている。まず、日本版ではゴジラをAB作戦という2万〜3万ボルトの超高電圧で陸空の自衛隊がゴジラを攻撃するが、アメリカ版では、新しいタイプのミサイルについて住民に対する特別な配慮をことさら強調し、使用される新しいタイプのミサイルが核弾頭ミサイルであるかのように示唆し、しかも、アメリカ軍が日本を守るためにGodzillaを攻撃し、日本を防衛するアメリカ軍の存在を強調するのである。

---

28) "Virtually all–Japanese cast, with unfamiliar faces and broad emoting typical of such Japanese pix, also detracts from general appeal."

29) "But if 'family picture' ... means such deplorable films as ... *Godzilla vs. the Thing* ..., which have also received the A-1 rating, it will not get much sympathy."

30) しかしながら、"Japanese Science Fiction, Fantasy and Horror Films"（S. Galbrath IV）によると、1970年代の初めから、映画批評家はこの映画をもっと高く評価するようになり、1980年代・1990年代になると、なかにはゴジラ映画の傑作の一つだという人が出てきたという。

第 3 章　ゴジラ映画に見るアメリカ人の心情

ここではアメリカの核の傘下に入っている日本の姿が浮き彫りになっている。まさしく冷戦下の非常時の日本のありうる姿が映し出されていると言える。さらに、重要な点は、主人公の記者たちがインファント島、被爆した南洋諸島に到着した時の台詞の吹き替えである。日本版では、

> 「このような恐ろしい光景は、核実験の影響について考えさせられるよ。ただし、原水禁のスローガンにはちょっとうんざりするけど」

と言うのに対し、アメリカ版では、科学者の責任ついても言及する。アメリカの原爆投下やビキニ環礁での核実験には直接触れないが、『怪獣王』では削除された科学者のモラルについて言及し、そこから発展し、人類の自然に対する責任について問うものとなっているのである（これはまさしく、2016 年 5 月の前オバマ大統領の広島でのスピーチを思いださせる表現であり、興味深い）。

　当初は、水爆実験に焦点を当てていた日本のゴジラ映画は、前作『キングコング対ゴジラ』から、つまり 60 年代に入ると、消費と資本主義および経済発展とアメリカ化などの影響に関心がシフトしていき、日本版では、そうした日本の変化した社会的な状況を批判するのに対し、むしろアメリカ版では抑止力としての核兵器とその影響に直接言及し、アメリカの核の傘下にある日本に焦点が当てられていくのである。言わば、原爆・水爆の脅威から始まった日本のゴジラ映画の論点が、戦後高度経済成長期に入り、戦争の負の記憶から次第に遠ざかり、経済や他のものに関心が向かう転換期に、アメリカでは直接的に核の脅威を論じることにな

る。つまり、冷戦下の核に対する地政学的な意識の差が明確に現れているように思われるのである。

第6節　アメリカでの地政学的な文脈におけるゴジラ映画

6.1　Godzilla 映画とアメリカの SF 映画

　最後に当時のアメリカのサイエンス・フィクションの映画と比較しつつ、アメリカ社会の文脈でのゴジラ映画の意味を考えたい。

　1949年にソ連が原爆実験に成功し、アメリカの核の独占が終わるとともに、米ソ間の核配備競争が本格的になった。ネバダ州で核実験を開始した1951年には核戦争に対する不安が高まり、米ソの対立を警告する宇宙人が描かれる『地球が静止する日』(*The Day the Earth Stood Still*, 1951)、宇宙人がX線で都市全体を破壊し、人類を滅ぼす惨事を描いた『宇宙戦争』(*The War of the Worlds*, 1953) など、核兵器や核戦争に対する恐怖が宇宙人によってもたらされる物語がスクリーン上に描かれていった。さらに、1954年にキャッスル作戦ブラボー実験 (Castle Bravo Test) が広くメディアによって報道されると、アメリカ国民に大きな衝撃を与え、さらに放射能の影響に関する映画が次々と制作されたのである。

　例えば、ゴジラ映画の前身『原子怪獣現わる』(*The Beast from 20,000 Fathoms,* 1953)、ネバダ州の核実験で被爆し、巨大化した蟻が人間を襲う『放射能X』(*Them!,* 1954)(図3-5)、マッド・サイエンティストによる放射能の実験でクモが巨大化し、人を襲う『世紀の怪物 タランチュラの襲撃』(*Tarantula*, 1955) などは

第3章　ゴジラ映画に見るアメリカ人の心情

図 3-5　*Them!*（1954）プレスブック表紙

そのごく一部である。

　また、人間に対する直接の影響としては、ネバダの核実験で巨大化した核実験に立ち会った将校を描く『戦慄！ プルトニウム人間』（*The Amazing Colossal Man*, 1957）（図 3-6）、人間が船上で被爆して小人になった『縮みゆく人間』（*The Incredible Shrinking Man*, 1957）などがある。

　『縮みゆく人間』の船上での被爆シーン（実際は一人で被爆する）はアメリカの宣伝材料であるロビーカードでは非常に曖昧に描かれている（図 3-7）。その絵の下には、「奇妙な霧の犠牲者」

図 3-6 *The Amazing Colossal Man*（1957）チラシ

図 3-7 *The Incredible Shrinking Man*（1957）ロビーカード
上の一番左の絵が被爆を暗示するシーン（右図はその拡大）。

（Victim of weird mist）と書かれており、このシーンの扱い方からも、アメリカで放射能の被爆に対してかなり徹底的に検閲されている点が読み取れる。ポスターもロビーカードもプレスブックも縮んで行く原因になったこのシーンを取り上げていないのが非

常に不自然だからである。

　これらの作品はどれも限られた予算で小さなスタジオで製作された映画である。おそらくそうした怪物や怪獣が都市を襲い、廃墟となるまで破壊した大規模なシーンを展開し、ヒットしたのは、調べた限り『宇宙戦争』だけであろう。Joyce A. Evans（1998）[31]によると、MGMのようなメジャーな映画会社は、下院非米委員会により検閲の圧力を受け、物議を醸すトピックを避けるか、もしくは国防総省の援助を受け、マンハッタン計画や原爆投下を正当化し、科学者オッペンハイマーやエノラ・ゲイのパイロットを讃える映画 *The Beginning or the End*（1947）や *Above and Beyond*（1952）[32] を制作せざるをえなかったという。つまり、冷戦が色濃くなった1950年代後半および1960年代前半に、ゴジラ映画ほど、凄まじくそしてリアルな都市あるいは文明破壊をスペクタクルに映し出した作品は他には見られないのである。

　また、アメリカのサイエンス・フィクション映画が日本映画と大きく違うのは、どれも放射能の人間に対する影響もしくは突然変異についてはいつもどこかがポジティブに描かれている点である。突然変異で大きくなって巨大なパワー（破壊力）を持つか（『戦慄！プルトニウム人間』）、小さくなるが精神力が強くなるか（『縮みゆく人間』）、あるいはマジックのような特別な力を持つコメディの *The Atomic Kid*[33]（1954）など、物語の結末がハッピー・エンディングではないにしても、放射能による突然変異に対する

---

31) *Celluloid Mushroom Clouds: Hollywood and the Atomic Bomb*. Critical Studies in Communication in the Cultural Industries. Westview Press. Boulder, Colorado and Oxford, U.K.
32) どちらも日本語のタイトルはない。
33) 注32に同じ。

一種のポジティブなファンタジーのような部分が見られる点である。科学史家スペンサー・R・ワート（Spencer R. Weart）が指摘するように、アメリカ人は原子力の発見初期から、その信じられないほどの潜在的な力に魅了されてきたのである。例えば、ウラニウムが蒸気船を動かし、海を渡るという原子力に対する夢やファンタジーを描いたディズニーの『海底2万マイル』（*20,000 Leagues Under the Sea*, 1954）が作られ、大ヒットしていたのも事実である。アメリカ人は、無限の、使い尽くせないほどのとてつもないエネルギーを現代文明に提供してくれる、突然変異や万能薬をもたらすかもしれない魔法のような原子力に希望と空想を抱いていた、ということが当時の放射能に関する映画作品を比較分析すると見えてくるのである。

6.2　核の期待と不安の中で変容する Godzilla

そして、冷戦が進行し、核抑止論が唱えられ、1950年代後半、核武装がエスカレートし、1961年には旧ソ連が50メガトン級の核爆弾の爆発実験に成功し、1962年にキューバ危機が勃発する。その間マスメディアが、核シェルターについて言及することが頻繁になり、軍が *Survival under Atomic Attack*（核攻撃から生き残るためには）という核爆弾投下を受けた際の対策を描いた小冊子を連邦民間防衛本部（FCDA）より配布し、同タイトルの映画を上映すると、核爆弾投下に対する不安や恐怖がピークになっていった。アメリカ人は原子力に対して、ワートが論じたように、希望とファンタジーを抱いている一方で、その凄まじいエネルギーが、狂った科学者によって文明を滅ぼし、廃墟にし、人類を大量虐殺し、世の終わりを迎えることになるのではないかと恐れおののい

ていたと言えるだろう。その恐怖と不安は、原爆と大空襲を経験した日本人が、戦後高度経済成長期に入り、その悪夢から過去のものとして少しずつ遠ざかって行くのとは対照的に、キューバ危機を起こすような冷戦期に突入し、日々核爆弾の投下が現実味を帯びてくるアメリカ社会においてはどんどん膨らんでいったように思われるのである。

　冷戦の不安と恐怖が高まる中、核兵器による文明を滅ぼすようなアポカリプス（大破壊）を大きな予算と人をかけ、特殊撮影を用いて、非常にリアルに、まだ見ぬ世の末、核兵器が投下された世界をスクリーン上に体現し、そうしたアポカリプスを描いた初代のゴジラ映画のアメリカ版、『怪獣王』は、アメリカ国民にとっては強いインパクトがあったように思われる。しかも、ゴジラの巨大な体とそのエネルギー（破壊力）は、見方を変えれば、アメリカ国民の原子力に対するファンタジーや核兵器に対する大いなる期待さえも後押しすることになる。ゴジラの凄まじい破壊力は同時にアメリカが信じる核の抑止力を裏書きすることにもなる。重要な点は、初期の Godzilla 映画の物語世界で惨事に見舞われているのは、アメリカ国民自身自身ではなく、文明の遅れた、遠い国の人々日本人であるということである。しかも最後には平和をとり戻すという結末の物語内容である。アメリカ人の感じる恐怖は日本人が代わりに体験してくれ、しかもその都市の再生を保証してくれる。たとえ、原爆投下の罪の意識があった者がいたとしても、そうした意識さえも解消してくれるのである。初代のゴジラ表象は、冷戦下のアメリカにおける核兵器に抱く期待とそれが招く不安の狭間で揺れ動く人々にスリルと安堵感をバランスよく提供していると言えるだろう。しかも、1963年にアメリカ、イギ

リス、旧ソ連が部分的核実験禁止条約を結ぶと、今度は『モスラ対ゴジラ』にあるように、アメリカが原爆を投下したアメリカ独自の責任や罪悪感を問うこともなく、広く一般的に人類というカテゴリーから、科学との関係、人類が自然におよぼす道徳的責任について言及することもできる。

このように日本のゴジラ映画の最初の4作品は、反戦、反米の象徴的意味合いの強いものであったが、アメリカに輸出され、冷戦時代の地政学的な状況や監督の関心に応じて、映像、台詞、吹き替え、ナレーション、そしてサウンドトラックによる編集によって、アメリカ国民に受け入れられやすくなった。日本からのさまざまなアメリカに対する言及を巧妙に削除しながらも、第1章でフルーグフェルダー氏が「ドル箱」と指摘したように、核実験や核兵器をモチーフにして政府の監視や業界の自己検閲を逃れてうまく取り込んだのである。Godzilla映画が当時の他のアメリカ映画と異なるのは、目に見えぬ不安と恐怖、そして希望と安堵感といった核をめぐる両義的なアメリカ人のメンタリティに、うまくフィットすることを可能にした、多額の費用をかけ、特撮技術を駆使し、リアルにスペクタクルを視覚化したオリジナルの映像にあるのだろう。初期のゴジラ映画のアメリカ上陸の成功は、一つには、そうした映像とともにアメリカ人の冷戦に対する心の底にしまっていた不安や恐怖に焦点を当て、その不安や罪の意識さえも解消する安堵感を提供し、自由自在にアメリカの地政学的な文脈にローカライズされていった点にあると言えるだろう。

また、初代の映画も後の作品も映画自体は核怪獣のイメージが強調されてはいるが、政治的な色彩を弱め、アメリカの観客に受け入れられやすいように、アメリカ人の自尊心を引き立て同時に

第 3 章　ゴジラ映画に見るアメリカ人の心情

日本人のステレオタイプ的なイメージを加味し、安堵感を与えてきた。冷戦下の緊張さえも和らげる働きを持っていたのかもしれない。オリジナル自体が子供向けの怪獣を目指し、同時にアメリカでも子供をターゲットに上映を展開したことも相まって、Godzilla の表象は、次第に心地の良い、愛すべき怪獣と変容し、次の章で説明される「サチュレーション（集中戦略）」によって子供の頃から人々の間に浸透していったと言えるだろう。そうであれば反核・反米が起源のゴジラ映画は、皮肉にも、アメリカ国民の核実験や核爆弾に対する緊張を緩和し、核兵器を受け入れる一助となったのかもしれない。

＊本章は 2016 年 3 月 20 日アメリカ比較文学会 2016 年度全国大会（The American Comparative Literature's 2016 Annual Meeting）での研究発表 "Differing Images of Godzilla through Adaptations of Godzilla Films" と 2016 年 6 月 18 日日本比較文学会の第 78 回全国大会での研究発表「アメリカでの初代ゴジラの受容」を整理・加筆・修正したものである。

引用文献

"AFI Catalog of Feature Films." *American Film Institute*, American Film Institute, catalog.afi.com/catalog/showcase/.

Evans, Joyce A. *Celluloid Mushroom Clouds: Hollywood and the Atomic Bomb*. Westview, 1998.

"Index to Motion Picture Credits." *Academy of Motion Picture Arts and Sciences*, oscar.org. www.oscars.org/

Jampel, David "Japanese Arters Wow Critics, But Horror Films Get Coin." *Variety,* April 15, 1959, p. 46.

Kalat, David. *A Critical History and Filmography of Toho's Godzilla Series*.

McFarland, 2001.

McKenna, A. T. *Joseph E. Levine: Showmanship, Reputation and Industrial Practice 1945 – 1977*. 2008. University of Nottingham, PhD dissertation.

Musolf, Peter. *Gojira to wa Nanika*. Kodansha, 1998.

Noriega, Chon. "Godzilla and the Japanese Nightmare; When 'Them!' Is U.S." *Cinema Journal*, vol. 27, no. 1, Society for Cinema & Media Studies, November 1988, pp. 63–77.

Park, Katherine and Daston, Lorraine. "Introduction. The Age of the New." *The Cambridge History of Science, Vol. 3: Early Modern Science*, edited by Katherine Park and Lorraine Daston. Cambridge UP, 2006.

Pflugfelder, Gregory M. "Remembering Uncool Japan: A Personal History." 2015, *Growing up with Godzilla*. www.growingupwithgodzilla.org/module1-part1/.

Warren, Bill. "Gigantis the Fire Monster・1959." *Keep Watching the Skies! American Science Fiction Movies of the Fifties, the 21st Century Edition*. MacFarland, 2016, pp. 338–339.

Weart, Spencer R. *Nuclear Fear: A History of Images*. Harvard UP, 1988.

フィルモグラフィー

Gigantis the Fire Monster/Godzilla Raids Again. Directed by Motoyoshi Oda and Hugo Grimaldi (US scenes), Toho and Warner Brothers, 1959.

Godzilla vs. The Thing. Directed by Ishiro Honda, Toho and American International Pictures, 1964.

Godzilla, King of the Monsters. Directed by Ishiro Honda and Terry Morse (US scenes), Toho and Embassy Pictures, 1956.

King Kong vs. Godzilla. Directed by Ishiro Honda and Thomas Montgomery, Toho and Universal International, 1963.

『ゴジラ』（1954）　監督：本多猪四郎、製作：田中友幸、特殊技術：円谷英二、出演：志村喬、河内桃子、宝田明、平田明彦、東宝。

『ゴジラの逆襲』（1956）監督：小田基義、製作：田中友幸、特技監督：円谷英二、出演：小泉博、若山セツ子、笠間雪雄、千秋実、志村喬、東宝。

『キングコング対ゴジラ』（1962）監督：本多猪四郎、製作：田中友幸、特技

監督：円谷英二、出演：高島忠夫、浜美枝、佐原健二、藤木悠、有島一郎、東宝。
『モスラ対ゴジラ』（1964）監督：本多猪四郎、製作：田中友幸、特技監督：円谷英二、出演：宝田明、星由里子、小泉博、ザ・ピーナッツ、藤木悠、田島義文、佐原健二、東宝。

第4章

モンスター・ビジネス

―― 宣伝・配給・上映 *Godzilla, King of the Monsters!* の歴史

扉絵4 *Godzilla, King of the Monsters!*『怪獣王ゴジラ』のプレスブックの一部
中央下方に TV-RADIO SATURATION とある。

デイビッド・カラハン
David Callahan

第1節　はじめに

　日本の怪獣映画というサブ・ジャンルは、1956年の *Godzilla, King of the Monsters!*,　以降『怪獣王』と記す）の封切りによって、アメリカのポピュラー・カルチャーの本流に導入された。このアメリカナイズされた映画は、アメリカの市場で即座に成功を収め、その後アメリカ国民の心に不朽の印象を刻んだのである。

　『怪獣王』は、主要なスタジオによる配給・上映ではないため、全国的に展開するのではなく、その代わりに、数か月もの間、一定の地域からまた別の地域へと移動する、市場ベースの公開を行った。そして、一つの市場もしくは地域では、「サチュレーション（saturation）」（「集中戦略」という意味で、以降、「サチュレーション」と記す）として知られている集中的な宣伝活動を行い、同じ地域で一度に多くの劇場で封切りを行ったのであった。

　本章は第1章、第2章、第3章で歴史的・文化的・社会的視点から考察された『怪獣王』のアメリカにおける宣伝・配給・上映戦略について、当時の映画業界の実践というより広い文脈で再検討する。

第2節　版権の獲得とプロモーション

　さまざまな情報源によると、小さな配給会社のオーナーである

エドモンド・ゴールドマンは、オリジナル版『ゴジラ』(1954) を見た後、アメリカでの上映権を獲得しようとした。アメリカ側の購入契約書には、1955年9月27日、ゴールドマンが、東宝インターナショナル（東宝のアメリカ支店）から総額2万5000ドルで権利を獲得したとある。ゴールドマンはその後、外国のエクスプロイテーション映画や低予算映画を専門とするリチャード・ケイとハリー・リブニックが所有するジュエル・エンタープライズに売却したのである。

第1章のフルーグフェルダー氏の開いたウェブサイト「Growing up with Godzilla: A Global History」によると、

> ケイとリブロックは、主要なハリウッドのスタジオの支援を欠く独立映画の大規模な宣伝活動を行うために、また、同時にオリジナルを改訂しようと思い、即座に資金集めに取り掛かった。1万ドルを投入したのは、ボストンを根拠地にしたエンバシー・ピクチャーズの、急に頭角を現した興行主のジョセフ・E・レヴィーンだった。

レヴィーンは、州単位の権利をベースに、アメリカの全国各地で映画の宣伝と配給を監督したのだった。改訂のために、あるいは日本映画『ゴジラ』を「アメリカナイズする」ためにと言った方が良いのかもしれないが、俳優レイモンド・バーが登場する新しいシーンを撮影し、それをオリジナルの作品に挿入し、映像を編集したのだった。水爆実験に関する言及およびこの生き物の肩書きも、もちろん修正された。

そしてアメリカ版は1956年4月27日、*Godzilla, King of the*

第4章　モンスター・ビジネス

Monsters! として、アメリカ合衆国でジュエル・エンタープライズの著作権の登録が行われたのだった。リリース前の宣伝活動は業界紙を見ると明らかになってくる。<u>*Motion Picture Daily*</u>[1]（以降、<u>*Daily*</u>と記す）の1956年3月16日号は、次のような公表を行った。

> ハリウッドの、General Teleradioのテリー・ターナー（Terry Turner）と同僚のドン・トンプソン（Don Thompson）が、『怪獣王』をニュー・イングランド地方の300の劇場に売り込む、サチュレーション・キャンペーンを手がけるためにボストンのエンバシー・ピクチャーズに雇われた。エンバシー・ピクチャーズのジョセフ・E・レヴィーンは「この宣伝活動はニュー・イングランド地方の都市であるボストン（マサチューセッツ州）、プロビンス（ロードアイランド州）、ポートランドとバンガー（メイン州）、マウント・マンスフィールド（バーモント州）、マウント・ワシントン（ニューハンプシャー州）の各地で行われ、テレビとラジオにおける展開も含まれるだろう」と語った。

その後すぐに、エンバシー・ピクチャーズは、業界紙<u>*Variety*</u>で1956年4月4日号の1ページを使った広告掲載を行った。

> 『怪獣王』
> 「ニュー・イングランド地方のモンスター・キャンペーン、最強のモンスター」

---

[1] 本章の業界紙／誌は全て英語と（もしくは英語の省略形で）アンダーラインで表す。例えば、<u>*Variety*</u>など。記事も全て編者の拙訳である。

「400のトップ劇場」
「どこでも上映時間延長」
「1日150劇場で上映。5月2日」
「テレビとラジオによる強力な宣伝」

広告にはテリー・ターナーの参加について次のように記載されていた。

> テリー・ターナーの指示の下、カラーを用いた宣伝材料と爆発的な新聞広告。ターナーからレヴィーンへ宛てた個人的なメモのようなもの。

> 「親愛なるジョー、Godzillaはこれまでわれわれが扱ったモンスター映画のどれよりも上を行っている（中略）。テレビやラジオの宣伝は最高だ（中略）。なぜってこのベイビーは、火を噴き（中略）、鼻息を荒くする。このモンスターはパッと消えたかと思うと別の街に再び現れるのだ」

Variety（1956年4月18日号）はその宣伝戦略を「ボストン地域でテレビ・ラジオ・新聞によるサチュレーションが進行中である」と報じている。サチュレーションという戦略は、業界の当時の傾向である「サイエンス・フィクションとホラー映画のコンビ」に対応し、採用されたのだった。同誌（同年5月9日号）に掲載された「ゾンビ映画は上々で持続性がある」というタイトルの記事はその傾向については次のように説明している。

こうした映画は、大体低予算の作品だが、時には着実に売り上げを伸ばすものだ。子供には非常に人気があり、同時に多くの大人も劇場に誘う、広い意味でのファミリー映画である。一家の主人が子供たちをチケット売り場へと導くのだから。（中略）サイエンス・フィクションとスリラー映画の主な特徴は、エクスプロイテーション（「売り込み」の意）の弱さだ。それらは、理想的には、広範囲の市場におよぶ大規模なラジオ・テレビのキャンペーンを用いたサチュレーションのオープニングが適している。多くの場合、製作で節約された費用が宣伝に費やされるのである。また、そのような映画は学校の休暇中には予約が多い。

記事は、

　「『獣』映画の人気に乗じて利益を上げようとしているのは現在公開されている『怪獣王ゴジラ』であり、それは全国で最初の上映を行う主要日程を獲得している」

と解説しているのだ。そして次のようにまとめている。

　映画『怪獣王』はレヴィンのエンバシー・ピクチャーズが配給。テリー・ターナーが 1952 年再上映した『キングコング』のために考案したラジオ・テレビのサチュレーション・キャンペーンを行っている。

また、上映準備のために、1956 年 5 月 12 日号付けの配給会社の

Box office（業界誌 1956 年 5 月 12 日号）によると、「エクスプロイテーションの秘訣」という見出しで、映画館主に向けた宣伝用に次のような提案をしているのである。

> 『裏窓』や他の多くのハリウッド映画で悪役を演じたレイモンド・バー一人だけが見慣れた俳優として登場するこの映画は、独特のセンセーショナルなアングルで売らなければならない。『怪獣王』のカットやモンスターの見せかけの人形を用いて、ホラー映画ファンを惹きつけ、『キングコング』や *It Came from Beneath the Sea*（1955）や他の有名なモンスターと比較させよ（中略）。破壊を繰り返し、世界中に猛威を振るうモンスター（中略）。モンスターの死の光線が地球の表面から都市を焼き尽くすと共に文明は崩壊する。地球を揺るがし、銀幕を砕くスリル。

1956 年 6 月 9 日ニューヨークで開かれた映画の配給者に向けた会食の席でレヴィーンは宣伝アプローチについて論じた。*Daily* によると、レヴィーンは、サチュレーション・キャンペーンのテレビや新聞による大量の広告を信じてはいたものの、次のように付け加えている。

> ケチケチするな。テレビのプライムタイムを買わないとか、新聞広告を全ページから半ページにするとかしたら、少しは節約できるなんて思うな。

また、そのイベントで演説を行った、販売取締役のバッド・ロ

ジャーズ (Budd Rogers) は、もともとは地域の映画の配給を行っていたレヴィーンが、いかにして、なかでも『怪獣王』の莫大な売り上げを通して全国的に注目を浴びたかについてコメントしたのだった。

第3節　劇場上映

　『怪獣王』は、1956年4月27日、アメリカにおける最大の市場であるニューヨークシティで初めて上映された。ニューヨークにおける宣伝は、*Motion Picture Herald*（業界紙。以降 *Herald* と記す）の4月21日号によって行われた。

> エンバシー・ピクチャーズのジョゼフ・レヴィーン社長によると、ニューヨークのオープニングの映画の配給会社は、強力なCBSテレビ放送およびWOR（ニューヨークのラジオ放送局）の宣伝および新聞広告によってバックアップされるだろう。

映画は、テレビとラジオの広告で、ローズ・ステート劇場での独占的な上映として封切りとなったのである（図4-1）。ローズ・ステート劇場とは、タイムズスクエアにある3450席収容のスクリーンが一つある劇場であり、チケット代金は、大人料金78セントから1ドル75セント、子供料金は50セントだった。*Variety* の業界用語でいう「インディー」のリリースとして（主要な配給会社の一つからではなく）*Sardinia* というタイトルのウオールト・ディズニー製作の短いドキュメンタリーと一緒に1ドルで上映されたのだった。

図 4-1 「ローズ・ステート劇場本日封切」
『怪獣王』プレスブック

同週のニューヨークの他の大劇場で上映された主流のA級映画と比較してみよう。4820席収容のキャピトル劇場（Capitol）は、『アレクサンダー大王』（*Alexander the Great*）を上映、1700席収容のクライテリオン劇場（Criterion）は、『征服者』（*The Conqueror*）を、1736席収容のメイフェアー劇場（Mayfair）は『去り行く男』（*Jubal*）を、1700席収容のパレス劇場（Palace）は『インドの星』（*Star of India*）を、3664席収容のパラマウント劇場（Paramount）は、*The Birds and the Bees*[2] を、6200席収容のラジオシティ・ミュージックホール（Radio City Music Hall）は、*The Swan* を、5717人収容のロキシー劇場（Roxy）では、*The Man in the Grey Flannel Suit* を上映していた。

　レヴィーンが取った宣伝戦略は即座に成功を収めた。<u>*Variety*</u>（1956年5月2日号）によると、その週にニューヨーク市で上映された映画の興行成績の分析では、

> 『怪獣王』は1万8000ドル、もしくはそれ近くまで売り上げ、かなりヒットしたようである。

前週の劇場映画と比較すると、*Miracle in the Rain* はゴジラのプレビューに助けられ、9500ドルを上げていた。『アレクサンダー大王』は、キャピトル劇場での上映の第5週目で2万2000ドルを稼ぎ、『征服者』もクライテリオン劇場での上映第5週目で1万7000ドル、『去り行く男』が第1週目で1万5000ドル、『インドの星』も第1週目で1万5000ドル、*The Birds and the Bees* は第

2）日本で公開されておらず邦題のない映画のタイトルは斜体字の英語で記載する。

1週目で3万ドル稼いでいた。

　ただし、*Variety*は映画の売り上げ業績は、映画の主役4人の個人的な出演に助けられていると指摘している。*The Swan*はニューヨークの最大の映画劇場で、最初の週に16万ドルを稼いだが、プログラムの中には生の舞台挨拶が含まれていた。*The Man in the Grey Flannel Suit*も巨大なロキシー劇場で上映され、第2週目で7万7000ドル売り上げたが、それも上映毎にアイススケートのライブのエキシビジョンが含まれていたのだった。

　『怪獣王』は、最初の週の上映期間に2万2000ドルに達し、*Variety*（1956年5月9日号）によると、「期待をかなり超えていた」ようだ。第2週目には、1万7000ドルを集め、売り上げ高は、ほんの5.5％しか下がらなかったのである。それは映画を観た人からの評判が口コミで伝わっていたことを示していた。

　第3週と最後の週には、ローズ・ステート劇場では、計1万1000ドルだった。次週には、*23 Paces to Baker Street*に取り代わった。この映画は、第1週目に『怪獣王』が稼いだ32％減の1万5000ドルを収めたのだった。ただし、*Variety*（1956年5月16日・23日号）によると、その新作映画は、主要なスタジオが配給したものであり、ライブのステージ・ショーも提供されていたのである。そしてローズ・ステート劇場でその後2週間しか続かなかった。

　4月の全国的な興行成績に関する解説の中で、*Variety*（1956年5月9日号）は、

　　サイエンス・フィクション・スリラーの『怪獣王』は、ニューヨーク州では、かなり良いオープニングの週で始まった。多

くの巡業を要するこの種のものは、気取ったブロードウェイの傾向にもかかわらず、報われるものだ」

とコメントしている。

Daily（1956年2月28日号）によると、

「1956年5月2日水曜、『怪獣王』はニュー・イングランド地方で、トランス・ワールド社（Trans World Release）の配給でデビューした。トランス・ワールド社とは、ジョセフ・レヴィーンが1956年に設立した企業である。それは、ホラーやスリラーのジャンル映画を世の中に出すためのもので、ロサンゼルスを根拠地にしている、エドワード・ベレンソン（Edward Berenson）とハリー・リブニック（Harry Rybnick）との協力を得て設立されたのだった。トランス・ワールド社の創設記念の上映作品が『怪獣王』になるだろう」

と記載されている。

ニューヨークでの独占的な上映とは対照的に、『怪獣王』はニュー・イングランド地方では、レヴィーンのサチュレーション（集中戦略）を採用し、広範囲で上映した。*Daily*（1956年4月16日号）によると、4月27日のニューヨークのローズ・ステート劇場での最初の公開に続き、ニュー・イングランド地方のおよそ400の劇場が『怪獣王』を封切りしたのである（図4-2）。

ボストンのパラマウント劇場とフェンウェイ劇場（Fenway）を含む、およそ150の劇場が5月2日にプレミア上映を行い、一方残りの劇場は5月の後日に予約済みであるということだった。レ

図 4-2 『怪獣王』プレスブックの一部
(扉絵 4 のつづき)

ヴィンによると、映画はニュー・イングランド地方の全ての映画巡回は、エンバシー・ピクチャーズが選択したものである。それは、ニュー・イングランド地方のパラマウント劇場、メイン州およびニューハンプシャー州の劇場、大部分のドライブ・イン・シアターなどである。この時期、ドライブ・イン・シアターは映画上映においてとても盛んであったのだ。

Variety（1956年5月9日号）は、『怪獣王』がボストンの公開時に大成功をおさめたのは、この戦略のおかげだとしていた。

> ビジネスは市内では少し気取ってはいるものの、「Godzilla」は街をいまいましく歩き回り、パラマウント劇場とフェンウェイ劇場での売り上げは、テリー・ターナーによって素晴らしい総額に跳ね上がり、ジョージ・クラスカ（George Kraska）は、とてつもなく大きな子供たちの群衆を集めたのだった。爆発的な売り込みで誇大広告を行い、総収益が1万7000ドルあるいはそれ以上を突破したのだった。

パラマウント劇場は1700席収容、フェンウェイ劇場は1373席収容でき、チケットは、60セントから1ドルだった。減額の子供料金もあったようだ（これは当時のほとんどの映画館で行われた）が、映画を宣伝するボストンの新聞広告は、この情報を含んではいなかった。『怪獣王』は、広告ではあまり評判が立っていない *Stranger at My Door* というB級映画との二本立てで上映された。

Variety（1956年5月9日号）によると、比較的大きなサイズの映画館は、当時次のような映画を上映していた。1500席収容のアスター劇場（Astor）は、*I'll Cry Tomorrow* を上映し、第2週目で

5000ドルを売り上げ、1300席収容のエクセター劇場（Exeter）は、『シカゴ・ラプソディ』（*Touch and Go*）と *Helen Keller in Her Story* を上映し、第3週目に5500ドル、3000席収容のメモリアル劇場（the Memorial）では、*Hilda Crane* と *Brain Machine* を上映し、第2週目でおよそ1万ドル、3000席収容のオーフィウム劇場（Orpheum）では、『ラスベガスで逢いましょう』（*Meet Me in Las Vegas*）のデビュー週で1万6000ドル、3000席収容のステート劇場（State）でも『ラスベガスで逢いましょう』を上映し、9000ドルを売り上げている。

ボストンでの成功にもかかわらず、『怪獣王』は2週間持続せず、41％少ない1万ドルを売り上げなかった *The Birds and the Bees* に取って変わられたのである。

このサチュレーションはアメリカの他の市場でも採用され、さまざまなレベルの成功を収めた。ニュー・イングランド地方のもう一つの州、ロードアイランド州では、<u>*Herald*</u>（1956年5月26日号）が次のように報じている。

> この地域で着手されたもっとも大掛かりな売り込みの一つであり、21以上の劇場やドライブ・イン・シアターでプレミア上映を行った『怪獣王』は、非常に成功した作品であることを証明した。実際、映画を観に行く常連客は、全ての状況がうまく調整され、この記録破りの宣伝活動をもたらしていると述べていた。

宣伝努力は夏の間までずっと市場ベースで行われた。<u>*Herald*</u>（1956年6月2日号）によると、

「エンバシー・ピクチャーズのジョセフ・E・レヴィーン社長がピッツバーグ（ペンシルバニア州）、セントルイス（ミズーリ州）、シカゴ（イリノイ州）、デトロイト（ミシガン州）、そしてフィラデルフィア（ペンシルバニア州）の『怪獣王』の上映権の有権者に会うために中西部を3週間訪問するために出発した」

と報じている。

　しかしなら、この集中戦略はいつも成功したとは限らない。例えば、フィラデルフィアでは、*Variety*（1956年6月20日号）が「『怪獣王』のテレビでの大宣伝広告にもかかわらず、火が消えかかっている」と報じている。6月15日金曜日、映画は、フィラデルフィアでは、2900席収容のスタンリー劇場（Stanely）でジュエル・エンタープライズによって独占的に封切りとなった。チケットの金額は99セントから1ドル49セントまでだったが、ニューヨークのローズ・ステート劇場の売り上げの半分の合計9000ドルだった。*Variety*（6月27日号）によると、第2週には「わずか」4000ドルとなり、夏の間ずっと小さな劇場で上映を続けた。

　それでもやはり、サチュレーションは続いた。*Variety*（6月27日号）によると、250の劇場と「オゾナー」と呼ばれるドライブ・イン・シアターでの『怪獣王』の上映計画について報じた。この地点で、ハリウッドのハリー・リブニックとエド・バリソンは、ボストンのレヴィーンと連携し、映画の販売専門家のバッド・ロジャーズ（Budd Rogers）を招いたのだった。

　映画は、6月後半にニューヨーク州のバッファローで、当時最大の劇場の一つだった、3000席収容のパラマウント劇場で公開さ

れたが、8500ドルと鈍かった。入場料は60セントから80セントに変更され、B級映画の *Wild Dakotas* と二本立てだったが、1週間だけだった（*Variety* 6月27日号）。

『怪獣王』は、西に進むにつれて市場の中には躓く傾向があった。しかしながら、1956年7月11日にカリフォルニア州ロサンゼルスでトランス・ワールド社の配給で封切りした時には、大きな成功を再び掴んだのだった。ロサンゼルスはアメリカでは第3番目の市場であったが、ニューヨークのパターンを継承するのではなく、少なくとも15の地域の劇場と七つのドライブ・イン・シアターで市内広く配給されたのだった。

この上映は、ロサンゼルス市内の由緒ある四つの劇場、2097席収容のロサンゼルス劇場、1750席収容のフォックス・リッツ劇場（Fox Ritz）、897席収容のヴォーグ劇場（Vogue）、そして1248席収容のロヨラ劇場（Loyola）を含んでいた。『怪獣王』は、例えば、ジョン・ウェインが主役のワーナー・ブラザーズの『捜索者』のような——1956年の総売り上げ第10位、人気では第2位とされた——アメリカの主要なスタジオ作品として広く公開されたのだった。

Variety（7月18日号）によると、映画の売り上げは、前述の4劇場で「上々」の2万3000ドルであった。ビジネスを確実なものとするために11の近隣の劇場や七つのドライブ・イン・シアターでも公開されたのだった。ロサンゼルスで同時に公開された『枯葉』（*Autumn Leaves*）は、1万6000ドルを売り上げ、*Great Day in the Morning* は、8500ドルだったが、映画は両方ともスターの名前入りの主要なスタジオの作品だった。

映画館主や劇場のオーナーたちに推薦しようと、新聞広告を始

第4章　モンスター・ビジネス

めたのはちょうどこの頃だった。*Box Office*（5月号）のなかで、ニューヨーク日刊紙（*New York Daily News*）に使われた「キングコングがちっぽけに見える」（図4-3）、というキャッチフレーズでキングコングと比較した新聞広告が行われたことが記載されている。

　アメリカの第2番目のメディア市場である、イリノイ州のシカゴでは『怪獣王』を公開するために類似した配給の戦術が取られていた。日刊紙 *Chicago Sunday Tribune*（8月5日号）によると、キャピトル・フィルム（Capitol Film）の配給で8月3日に19の劇場でオープニング上映を行ったと報じられている。同じ記事には、おそらく記者会見からの再版だと思われるが、次のようにキングコングと比較していた。

　「サイズは400フィートで、ゴジラと比較するとキングコングは小さなハエにしか見えない」

また、地方紙は

　「キングコングがまるで小人に見える」

と広告を続けた。*Herald*（8月4日号）は、「チャネル7での広域に渡るテレビ広告の計画がシカゴで決まった」と報じている。

　Chicago Daily Tribune（8月11日号）の翌週の映画のリストは、『怪獣王』が公開した多くの映画館で第2週まで持たなかったことを示している。ただし、それは同週にシカゴ地域の他の劇場で公開されたのだった。*Variety*（8月8日号）のその週のシカゴの興

109

図4-3 「キングコングがちっぽけに見える」
『怪獣王』プレスブックの表紙（扉絵3）

第4章　モンスター・ビジネス

行収入報告は、『怪獣王』を上映したどの劇場の総額についても言及していない。映画はコロラド州のデンバーで同じ週に公開された。*Herald* は、コロラドを根拠地にしたメディア企業のJ.H.クーパー・エンタープライズのパット・マギー（Pat McGee）が『怪獣王』の配給を行っていると報じていた。前出の *Variety* は、

「『怪獣王』はデンバー劇場（Denver）でなかなかの売り上げを達成した、ここでは目立つ新参者である」

と報じたのだった。

『怪獣王』は、*A Strange Adventure* というB級映画と二本立てであり、2525席収容の劇場で1万8000ドル集め、入場料を60セントから1ドルに変更した。その1週間前に『枯葉』（*Autumn Leaves*）は総計8500ドルを売り上げていた。他のデンバーの劇場においては、2200席収容のパラマウント劇場では、ユナイテッド・アーティスト（United Artists）配給の二本立てを上映し、1万1000ドルを、2600席収容のオーフィウム劇場（Orpheum）は、デイヴィー・クロケット（Davy Crockett）のディズニー映画で「貧相な」総計5000ドルの売り上げだった。

デンバーでの成功によって『怪獣王』は、*Herald*（8月18日号）の側面記事の「ウィナーズ・サークル」（Winners' Circle）のリストに、ハリウッドの主要なスタジオの高額予算で制作された『バス停留場』（*Bus Stop*）、『上流社会』（*High Society*）、そして『王様と私』（*The King and I*）といった映画とともに名を連ねたのである。「ウィナーズ・サークル」とは、全国の都市の主要な映画館や劇場で並外れたビジネスを行っている、と報じられている映画

111

のために用意されているものであった。

『怪獣王』は、10月9日水曜にミシガン州デトロイトで、3500席収容のブロードウェイ・キャピタル劇場（Broadway-Capital）で封切られた。入場料は1ドルから1ドル25セントの間で、「まずまずの」1万4000ドルを稼いだ。同劇場は、前週には、B級映画の二本立てで1万ドルを売り上げていた。同市で同週に封切りの他の映画と比較してみると、2961席収容のパームズ劇場（Palms）は、新作を含んだ二本立て上映で2万3000ドル集めた。1900席収容のマジソン劇場（Madison）ではアメリカの主要会社配給の *The Bad Seed* で、2万6000ドルを稼いだのだった。

8月24日金曜、ミネアポリスでトランス・ワールドの配給で公開した時、翌日付けの *Variety* は、「もう一つ新参者『怪獣王』は、ゴーファー劇場でかなりのパンチ力があるようだ」と報じている。西部劇 *Frontier Town* との二本立てで上映し、1000席収容の劇場で、85セントから1ドルの入場料だったが、映画は「まずまずの」8000ドルを集めた。同 *Variety* は、その成功について、センセーショナルな新聞広告が多くの常連客をもたらしたおかげだとした。

ダウンタウンにあるゴーファー劇場では2週間持続したが、売り上げは3000ドルに下落した。9月下旬には、郊外にある1200席収容のセントルイス・パーク劇場（St. Louis Park）で再び公開され、さらに1週間上映された。デンバーでの上映とともに、ミネアポリスでの成功が、*Herald* が側面記事の「ウィナーズ・サークル」で『怪獣王』をリストアップした原因でもあった。

主要な22の市場で同時に「封切り」というもう一つのまれな出来事が起こる中で、『怪獣王』は、ミズリー州のセントルイスとワシントン州のシアトルで7月の同週に公開・上映を行った。*Variety*

の報告では、セントルイスでの興行成績は、リアラート（Realart）の配給だったが、3500席収容のミズリー劇場で *Three Outlaws* との二本立てで上映し、「まずまず」の9000ドルの収益を上げた。チケット料金は、51セントから75セントまでの範囲だった。一方、シアトルでも、1957席収容のコロセウム劇場（Coliseum）は、『怪獣王』でうまいビジネスを引き寄せていると *Variety* は報じていた。それは、トランス・ワールド社の配給として新聞広告に載せられていた。

第4節　興行収入まとめ

　最初のアメリカでの興行の最後には、『怪獣王』は全米4000の劇場で70万ドルを稼いでいた（*Variety*、1959年4月15日号）。情報源により異なった興行売り上げを見積もっているが、70万ドルから200万ドルまでさまざまである。同誌（1958年12月10日号）は、総売り上げ150万ドル以上であると報じた。この興行売り上げの違いは、チケット売り場でのレシートの数え方によるものだろう。総売り上げを配給会社の見積もり（大きな額）によって数えるものもあれば、総額というよりもむしろ映画のレンタル料金（小さな額）のものもあり、それは配給会社と上映側で普通2分されるものなのである。

　レヴィーンは、*Variety*（1958年6月18日号）で次のように報じられたように、『怪獣王』へのマーケティングのアプローチが正しいことを証明したのだった。

　もし、集中的な予約によって十分手堅く販売されれば、エク

スプロイテーションのタイプの仕掛けは負けようがない。それがレヴィーンのよく練った考え方だ。ニュー・イングランド州の上映権を有する配給会社は、そのようなやり方を十分に扱える専門家ばかりだ。アメリカ合衆国の中には、レヴィーンが地方の州の映画の権利をサブライセンス契約にしたものもあれば、ボストンの自分のエンバシー・ピックチャーズを通して直接手がけた州もあるのだ。

第5節　テレビ放送

最初のアメリカでの劇場上映に続き、レヴィーンは『怪獣王』の全市場へのテレビ放映権をロサンゼルスを根拠地とした Gordon Levoy のゼネラル・テレビジョン・エンタープライズ（General Television Enterprises）に5万ドルで即売した。レヴィーンはこの決断を後に後悔し、映画の再上映市場の可能性に気付く前にテレビの放映権を売ってしまったと述べている（*Variety* 1961年8月23日号）。

『怪獣王』のテレビの売り込みは、劇場での水平展開のパターンと似ていた。アメリカの主要なスタジオによって扱われなかったので、全国ネットの放送というよりもむしろ、映画は市場ごとのテレビ放送の予約を受け、数カ月にわたってさまざまな市場で地域ごとに展開されたのだった。劇場公開と同じく、『怪獣王』は、アメリカのテレビにニューヨークでデビューした。*Broadcast*（1958年6月9日号）は、『怪獣王』が秋に始まるニューヨーク・シティのテレビ局 WOR-TV が放送する「百万ドル映画番組」に16映画をひとまとめにしたものの一部として売られたと報じた。当時の

第 4 章　モンスター・ビジネス

テレビ局 WOR-TV は、RKO テレラジオ・ピクチャーの一部門だった。

　放送は 1958 年 10 月に始まった。映画は 1 週間に複数回放送された。というのは、WOR は最近設けられた「縞模様の概念」といわれる映画を放送するやり方を踏襲したからである。映画は、週の同じ曜日の同じ時間に放送されたのだった。最初の放送は 1958 年 10 月 12 日の 7 時半から 9 時まで行われ、再び、10 時半から 12 時の夜中まで行われたのだった。全ての放送の平均視聴率（パーセント）は 6 だった。最高の視聴率は月曜の夜 7 時半放送の最初のものだった。この放送は 15.7 を獲得した（_Variety_ 1958 年 11 月 12 日号）。他の映画と比較すると、その週の最高の視聴率を得た映画は、『カサブランカ』（_Casablanca_）で 22.5 を記録した。同週に放送され、15.7 以上獲得した唯一他の映画は、『クヌート・ロックニー・オール・アメリカン』（_Knute Rockne, All American_）で 16 を記録した。そうすると月曜の夜の『怪獣王』のニューヨークにおける放送の視聴率は、その週にテレビ放送された映画のなかで 3 番目に高いものであることがわかるだろう。1958 年 11 月 19 日付 _Variety_ は、『怪獣王』が放送されたその週の「百万ドル映画」の視聴率が前シーズンの同じ時間帯より 22 パーセント高いと報じている。

　『怪獣王』の劇場での上映と同様に、ニューヨークで行われたテレビ放送の成功が他の市場でも繰り返されたのだった。1959 年 4 月 8 日水曜にボストンでテレビ放送した時は、16.7 という最も視聴率の高い映画となった。2 番目に高い映画は、アカデミー賞をいくつも受賞した『ミニヴァー夫人』（_Mrs. Miniver_）で 14.3 をだった。同時期に放送されたテレビ番組のトップの争いは視聴率

11.6だったのだ（*Variety* 1959年6月10日号）。さらに、7月28日水曜日初めてロサンゼルスで放映されたときには、21.5を獲得し、それもトップの視聴率の放映にもなった（同誌1956年8月26日号）。ミネソタ州のミネアポリス－セントポールでは、7月11日の9時半の映画放送は平均視聴率6.8を獲得し、同週9位で終了したのは良かった（同誌1959年9月2日号）。10月23日金曜夜11時にワシントンDCで放映された時も3.7を獲得し再び9位となった（同誌1959年12月23日号）。1960年1月17日日曜1時のテキサス州のダラス・フォートワースでの再放送の視聴率は手堅く7.3で、6位で終了した（同誌1960年6月15日号）。1960年6月4日の夜11時15分のオハイオ州クリーブランドでの放送は、平均視聴率8.5でその週の同率3位となったのである。

　テレビ上映の時は、『怪獣王』は、比較的新しい映画であるという点で他の映画よりも有利だった。なぜならアメリカのスタジオは、テレビ放送をすると劇場から観客を奪うと懸念し、最新の作品をテレビに売るのを嫌がるからである。テレビ放映される映画は、大抵10年は経過していたのである。

第6節　映画産業への影響

　『怪獣王』の成功はアメリカ映画産業に即座に影響を与えたのだった。1956年7月4日のロサンゼルス・タイムズ紙は、次のように批評している。

　　「アメリカの会社は（中略）『怪獣王』の上映以降、日本の手を借りてサイエンス・フィクションの物語を作る可能性に格

別な関心を示し始めた」

と報じている。7月12日号の同紙のなかの記事は、公開のタイムラインについて、

「アメリカのアート・シアターを除いた他の劇場で最初に見せる日本映画はスリラーだ、ということには驚かない。なぜなら先史時代の怪獣は、この時期の銀幕上の流行だからだ」

と批評したのである。ただし、再上映専門のアメリカの配給会社によって『怪獣王』はロサンゼルスでロダンと二本立てで再上映されたが、それはうまくいかなかったのも事実である（*Variety* 1959年5月20日号）。

第7節　まとめ

　ジョセフ・E・レヴィーンのサチュレーション（集中戦略）は――地域ごとに広域の上映と一体となって大量に広く売り込むものであるが――『怪獣王』の成功に大きな影響をおよぼしたとおそらく言えるだろう（扉絵4）。

　要するに、配給者エドモンド・ゴールドマンが、『ゴジラ』のアメリカでの上映権を取得し、ジュエル・エンタープライズにその関心を売り、今度はジュエル・エンタープライズがボストンに根拠地におくレヴィーンのエンバシー・ピクチャーズに持ち込み、アメリカ版『怪獣王』の宣伝と配給を任せたのだった。宣伝活動は *Variety*、*Motion Picture Daily*、*Motion Picture Herald* のような

業界の出版物を通して開始された。*Variety* の 1956 年 4 月 4 日号には『怪獣王』の全ページの広告が掲載され、映画館主のための売り込みに関するアドバイスが掲載された。

　レヴィーンの提案した戦略とは対照的に、1956 年 4 月 11 日アメリカ最大のメディア市場であるニューヨーク・シティで『怪獣王』は、一つの劇場で公開された。

　1 週間後、ニュー・イングランド地方でサチュレーションが採用され、かなりの成功を収めた。そこから、アメリカ全国のフィラデルフィア、ロサンゼルス、シカゴ、デンバー、ミネアポリス、セントルイスなどのような都市で市場毎のベースで興行収入においてさまざまなレベルの成功を収めたのだった。まれなケースもあるが、大部分は、1956 年の夏の間に映画は個々の市場で広がり、同週に二つの主要な市場で公開されることもあったのである。映画は、レヴィーンによって州単位の上映権のベースで 2 次ライセンスが与えられる地域もあったし、地域によっては異なる配給会社を用いる場合もあった。

　レヴィーンは『怪獣王』をゴードン・レヴォイのロサンゼルスを根拠地にしたゼネラル・テレビジョン・エンタープライズに 5 万ドルで売却した。劇場上映の場合と同じく *Godzilla, King of the Monsters!* のテレビ放送は、ニューヨーク・シティから始まり市場ごとに全国各地で放映されたのだった。

第5章
ゴジラと日本映画産業

扉絵5 『シン・ゴジラ』
©2016 TOHO CO., LTD.

中川涼司
Ryoji Nakagawa

第1節　はじめに
――第2次世界大戦後日本映画産業の変化とゴジラ

　かつて映画は日本における娯楽の王様であった。1950年代から1960年代初頭、日本の映画の入場者数は1000万人を超えた。しかし、その後、テレビの普及さらにその他の娯楽の普及により、入場者数は激減し、1970年代には200万人程度にまで減少した。しかし、それらの入場者はその後の料金の上昇にもかかわらず、根強い映画ファンとして存続し続け、入場者は下げ止まった。結果として、入場者数×平均料金である興行収入はむしろ上昇し、700〜800億円程度で推移していた興行収入は1970年代後半以降1500億円を越えていくこととなった。1995年以降シネコンが普及することにより、減少し続けていたスクリーン数が増大に転じ、入場者数も増大傾向となった。さらに、2000年代に入ると、1980年代から進行していた洋画が優位の洋高邦低の傾向が逆転し、むしろ邦画が優位に立つ「邦高洋低」の様相すら見せてきている。それらの結果、2010年に日本における映画興行収入は史上最高の2200億円を記録した。翌年は東日本大震災などの影響でいったんは減少したが、その後最後回復し、2000億円程度の興行収入が維持されている。

　邦画の活性化を支えているのは、一つはアニメ映画である。

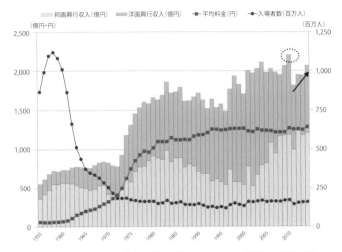

図 5-1 日本の映画産業入場者数、興行収入（邦画・洋画別）、平均料金推移

日本国際映画著作権協会『日本の映画産業及びテレビ放送産業の経済効果に関する調査』（平成 27 年 10 月）より転載。（出所：一般社団法人日本映画製作者連盟）

『千と千尋の神隠し』（東宝、興行収入 308 億円、歴代第 1 位、公開日 2001 年 7 月 20 日）

『君の名は。』（東宝、興業収入 250.3 億円、歴代第 4 位、公開日 2016 年 8 月 26 日）

『ハウルの動く城』（東宝、興行収入 196 億円、歴代第 6 位、公開日 2004 年 11 月 20 日）

『もののけ姫』（東宝、興行収入 193 億円、歴代第 7 位、公開日 1997 年 7 月 12 日）

などがその代表である[1]。

しかし、アニメだけではない。実写邦画も健闘している。

『踊る大捜査線 THE MOVIE2 レインボーブリッジを封鎖せよ！』（東宝、興行収入173.5億円、歴代第8位、公開日2003年7月19日）

『南極物語』（角川、興行収入110億円、歴代第22位、公開日1983年7月23日）

『踊る大捜査線』（東宝、興行収入101億円、歴代第30位、公開日1998年10月31日）

などである。その中で注目されるのは『シン・ゴジラ』（東宝 興行収入82.5億円、歴代第57位、公開日2016/07/29）である。歴代でみると57位とさほどのランキングではないが、2016年度邦画では圧倒的動員を誇った『君の名は。』について邦画第2位となり、また、東宝の看板ともいえる『ゴジラ』映画の久々のヒットということで話題を呼んだ。

ゴジラは後に見るように第2次世界大戦後の邦画の中心に位置し、邦画産業の盛衰と軌を一にしてきた。また、同時に製作・配給会社である東宝の経営の柱となり同社の経営とも軌を一にもしてきた。以下では、ゴジラの興行的な栄枯盛衰を東宝と日本の邦画産業全体とも関わらせながらその要因について考えていきたい。

1）興業通信社調べ（2017年12月31日時点）http://www.kogyotsushin.com/archives/alltime/

第2節　東宝の沿革と『ゴジラ』の製作に至るまで

2.1　創業期

　東宝株式会社は1932年8月に阪神急行電鉄（現在の阪急電鉄）の創業者小林一三（いちぞう）によって設立された。阪急電鉄の沿線開発の一環として成功した宝塚少女歌劇団の成功を受け、演劇、映画の興行を主たる目的として株式会社東京宝塚劇場として設立されたものである。1934年に東京宝塚劇場を開場した後、有楽座、日本劇場、帝国劇場を所有し、日比谷を中心に事業を展開し、浅草を中心に展開した松竹とともに、東京の興行界を二分するに至った。

　1931年に系列会社として設立されたトーキーシステムの開発を行う写真化学研究所（Photo Chemical Laboratory：PCL）は、1937年関連会社JOと合併し、東宝映画株式会社となっていた。東宝劇場は1943年、東宝映画を合併し、映画の製作・配給・興行および演劇興行の一貫経営に乗り出し、社名を東宝株式会社と改めた。

　戦時中は戦意高揚映画の作成に大きく関与し、経営幹部は戦後公職追放の処置を受けている。

　PCLの設立に参加し、東宝映画の常務取締役に就任した森岩男[i]は、予算と人的資源の管理を一元化するプロデューサー・システムを日本の映画界に本格的に導入した人物とされる。森はPCL時代にハリウッド視察を行い、映画手法としての特殊撮影の重要性を認め、東宝発足後に円谷英二[ii]をたっての招きで迎え入れた。1954年に田中友幸[iii]により『G計画（ゴジラ）』が提起された時も反対を押し切って実現している。森は因習に縛られた旧来の日本

映画システムを嫌う初代東宝社長植村泰二とともに、ハリウッドの制作形式を採り入れ、興行では「ブロック・ブッキング」(映画館が特定の配給会社の作品だけを上映するフィルム貸借契約)、企画では「ピクトリアル・スケッチ」(総覧的な絵コンテ表)を導入するなど近代化に努めた。

2.2 戦後の東宝争議と経営再建

1946年から1950年にかけて経営者と労働組合の対立が激化し、東宝争議が勃発した。大河内伝次郎、長谷川一夫、入江たか子、山田五十鈴、藤田進、黒川弥太郎、原節子、高峰秀子、山根寿子、花井蘭子の十大スターが結成した十人の旗の会と、渡辺邦男をはじめとする有名監督の大半は、第3組合主導で設立された新東宝で活動することとなり、一時は制作を新東宝、配給を東宝が行う体制となった。

しかし、新東宝側の製作費の引き上げ要求から、両者は手を切り、東宝は配給網の弱かった東映との協力に乗り出した。しかし、それも1年足らずで決裂し、一時危機に陥った。1951年に公職追放になっていた小林一三が東宝社長に復帰、全国主要都市に百館の劇場を確保して巨大な興行チェーンを作るという百館計画を実施し始めた。制作サイドでは、同じく公職追放から復帰した森岩男が企画本部長に就任、また、1961年に新東宝が倒産して、これらにより東宝から離れていたプロデューサー、監督、俳優なども東宝に復帰した。小林は撮影所の整備に巨費をかけ、最新鋭機材の導入やオープンセットの設置、新スタジオの建設などが行われ、一時はほぼ制作機能を失ってした砧撮影所(東京都世田谷区)は日本屈指の撮影所と生まれ変わった。

2.3 大作主義、健全主義

撮影所整備が完了した1954年に三本の超大作が公開された。それは稲垣浩監督による『宮本武蔵』、黒澤明監督による『七人の侍』として、本多猪四郎監督(円谷英二特殊技術担当)による日本初の怪獣特撮映画『ゴジラ』だった。『ゴジラ』はプロデューサーだった田中友幸が、多くの空想小説、秘境探険小説で珍獣、怪獣を登場させて小説家香山滋に水爆を象徴するような大怪物という意図で『G作品』(ゴジラ)のストーリー作りを依頼し原案を作成した。1954年に「G計画(ゴジラ)」として会議を通した。監督は本多猪四郎で、円谷英二は特殊技術担当であった。

第1作『ゴジラ』(1954年、本多猪四郎監督)が空前の大ヒットを記録したことで、製作本部長・森岩雄の命により直ちに続編の企画が起こされた。撮影期間は3か月に満たなかった。前作で原作を担当した香山滋が本作でも原作を担当した。香山はゴジラに対する愛着から再びゴジラを殺すのは忍びなく、氷の中に閉じ込めるという結末になった。監督は『恋化粧』の演出中および『獣人雪男』の準備中だった本多に代わり、『透明人間』の小田基義が担当した。

2.4 ゴジラ初期2作の成功要因

第1作『ゴジラ』は1954年、広島長崎の被爆からまだ9年で記憶も鮮明で、かつ、アメリカによるビキニ諸島の水爆実験で第五福竜丸が被爆した事件が発生する中でそれは製作された。ゴジラは「水爆実験によって現れたジュラ紀の恐竜』であり、絶対的な恐怖の存在であった。

ゴジラは「オキシジェン・デストロイヤー」と呼ばれる、芹沢博士が開発した酸素の破壊的なエネルギーを用いた武器によって葬られたが、芹沢博士はその使用に躊躇するそれは核で核に対抗する冷戦期の危うさをも示唆した。芹沢博士はこの武器を使い、ゴジラを葬るとともに自らの命も断つ。技術的には特撮を担当した円谷英二は当時一般的であったが、時間がかかる上に、迫力に欠ける人形アニメではなく、着ぐるみによる方法を採用し、伊福部昭による効果的な音楽もあって迫力ある映像となった。核と冷戦の恐怖をゴジラという架空の怪獣を通してまざまざと描いた同作は大きな衝撃を与え、観客動員961万人を記録した。

　続く1955年の第2作『ゴジラの逆襲』はもう一つの怪獣アンギラスを登場させ、他の核大国の存在を暗示するものとなった。ゴジラはアンギラスを倒すが、民衆にとっては恐怖の対象であり続けた（ただし、これが怪獣の対決というのちの娯楽化されたゴジラシリーズの伏線にはなっている）。芹沢博士や「オキシジェン・デストロイヤー」もない中で、ゴジラを倒すのは、水爆実験の記憶によって光に対して激しく反応するというゴジラの習性を利用して漁船でゴジラを氷山に誘導、最後は日本の特攻隊を想起させる飛行隊の働きによりゴジラは氷山の中に生き埋めにされる。そこには日本の力による問題解決が暗示されている。これも834万人の観客を動員し、社会的な問題提起であるとともに、興行としても大成功を収めた。

第3節　1960年代東宝の健全主義、娯楽主義とゴジラ

3.1　東宝の健全主義、娯楽主義——東映との対比

　東宝は1950年代において都市を中心とした大作主義を進め、経営的には、地方も含め直営館100、専門館2000を突破して時代劇を中心に量産を行っていた東映にはおよばなかった。しかし、1960年代にはいる東宝は1962年『椿三十郎』と『キングコング対ゴジラ』の成功により東映を追い詰めた。東映は1963年市川右太衛門や片岡千恵蔵などのスターを中心にした時代劇から集団時代劇へと転換するも、従来の東映ファンまで離してしまい、1964年にこの路線も幕を閉じた。東映は時代劇から任侠路線へと転換、家族でテレビで見るのではなく成人が見る映画を追求した。この路線の中心にいた岡田茂が好んだのは「不良性」であった。1960年代後半から隆盛し始めたピンク映画にも東映は積極的に対応し、未知の禁断の世界を覗き見したいという下世話な好奇心に応えるということに躊躇は無かった。

　1960年代の東宝は、『用心棒』、『椿三十郎』などの黒澤時代劇、戦記物、ゴジラシリーズなどの大作主義をとる一方で、森繁久彌の『社長』シリーズ、加山雄三の『若大将』シリーズ、クレージーキャッツの『無責任』シリーズでも成功を収めていた。この路線の中心にいたのが、かつて自社プロダクションで『青い山脈』を制作した藤本真澄であった。藤本の路線は岡田の路線とは真逆の健全路線である。東宝の映画からエロチシズムや暴力は排除された。

3.2 （初期 2 作以降の）昭和ゴジラシリーズの成功

1962 年に 7 年ぶりに撮影された『キングコング対ゴジラ』は初期 2 作とは異なり娯楽性の強いものであった。画面はカラーとなり、「怪獣同士の対決」というその後の日本の怪獣映画の流れを決定付けた。

キングコングの権利者である RKO は東宝との契約に当たり、キングコングの名称使用料 5 年間分として 8000 万円を要求した。それは東宝の当時の映画三本分の制作費に匹敵した。ここでも特撮を担当した円谷は、（1933 年の第 1 作では人形アニメーションであった）キングコングを着ぐるみでどう表現するかに力を注ぎ、結末は日米関係に配慮して曖昧な形にされたが、日米の両怪物キャラの対決は人気を呼び、ゴジラ史上最大の 1250 万人の観客を動員、配給収入だけで 4.3 億円をあげて、RKO への支払いを補って余りあるものとなった。

1964 年の『モスラ対ゴジラ』でモスラ（成虫、幼虫）が登場、また、同年末に初の怪獣映画による正月映画として製作された『三大怪獣 地球最大の決戦』では、ゴジラが人間の味方になっていくとともに、新たな敵役としてキングギドラが登場、また、単体作品となっていたラドンもゴジラに合流した。これらにより、ゴジラシリーズの定番怪獣が出そろった。

第 4 節　テレビ時代の到来、邦画産業の衰退とゴジラ

4.1　テレビの時代の到来と邦画産業

　1960 年代において白黒テレビの普及率が急上昇し 1960 年代末には 100％に近くなり、さらに、1970 年代初頭にはそれがカラーに移行していった。映画は娯楽の王様の地位をテレビによって奪われ、映画産業全体で見ても観客動員数は激減していった。映画にテレビにない刺激を求めた観客に東宝の健全路線は応えられず、1968 年からは観客動員数を落としていった。

　1969 年、制作を藤本に任せていた森は再び制作の陣頭に復帰し、大作主義に復帰した。そのカギは三船敏郎の独立プロダクション、三船プロとの協力であった。この体制で『風林火山』はヒットしたもののあとは続かなかった。藤本による大作主義の中核であった 1970 年の『軍閥』はそこそこの成功を収めたものの他はそれほどの成績を上げられなかった。それまでの健全化路線では否定されていた任侠路線、『銭ゲバ』の反社会路線などにも進出したが、不良性の乏しい東宝のこれらの映画はヒットしなかった。

4.2　ゴジラシリーズの陳腐化と観客動員数の激減、製作打ち切り

　ゴジラシリーズも、1962 年の『キングコング対ゴジラ』で 1200 万人を超える観客動員を記録してからは、テレビの普及、ストーリーの陳腐化、低予算化による特撮の劣化などにおり観客動員数は減少の一途をたどった。観客動員数は、

『モスラ対ゴジラ』（1964 年）722 万人

『三大怪獣 地球最大の決戦』（1964 年）541 万人

『怪獣大戦争』（1965 年）513 万人

『ゴジラ・エビラ・モスラ 南海の大決闘』（1966 年）461 万人

『怪獣島の決戦 ゴジラの息子』（1967 年）309 万人

『怪獣総進撃』（1968 年）258 万人

と減少していった。

　そこで、東宝は主に子供向け映画（怪獣映画、男子向けアニメ、女子向けアニメなど）を数本まとめて春休み、夏休み、冬休みの時期にあわせて劇場公開する「東宝チャンピオンまつり」の中にゴジラシリーズを組みこみ、低予算でもゴジラシリーズを残す取り組みをした。しかし、ゴジラのキャラクターの変化と対象セグメントの低年齢化、ストーリーの単純化・幼稚化が進行した。当時の単純明快なアイドルブーム、ヒーローブームに乗った単純なストーリー化は飽きられ、成長した世代にも、新しい低年齢層も受け入れられなくなり、また、低予算化による旧作シーンの使いまわしや、特撮の劣化などにより観客動員数は減少の一途をたどり、『ゴジラ・ミニラ・ガバラ オール怪獣大進撃』（1969 年）148 万人、『ゴジラ対ヘドラ』（1971 年）は当時大きな問題となっていた公害問題に取り組むも、174 万人、『地球攻撃命令 ゴジラ対ガイガン』（1972 年）178 万人、『ゴジラ対メガロ』（1973 年）98 万人、『ゴジラ対メカゴジラ』はその後シリーズに再三登場するメカゴジラが登場するも 133 万人、『メカゴジラの逆襲』（1975 年）97 万人と惨憺たる成績となっていった。ここでいったんゴジラシリーズは打ち切りとなった。

4.3 1970年代東宝の経営改革

 1971年東宝の興行収入のうち9割が洋画が占め、製作部門は10億円の赤字となった。これでもって撮影所は本社から分離されることとなり、東宝砧撮影所は東宝映画株式会社として独立した。従来のビジネスモデルである製作・配給・興行を一体化したブロック・ブッキングは廃され、外部プロダクションの製作した映画を買い取り、自社の劇場にかけるフリーブッキングへと転換したのである。砧撮影所は貸しスタジオとなり、プロダクションにレンタルされることとなった。この転換を主導したのは東宝の創業者・小林一三の次男の第9代社長・松岡辰郎（松岡は妻の姓）の次男で第11代社長となった松岡功である。

 フリーブッキングシステムの下で、大映の倒産とともに配給先を探していた勝新太郎の勝プロ製作の『座頭市』など、ホリプロとの共同製作による山口百恵・三浦友和コンビによる『伊豆の踊子』、『潮騒』、『絶唱』、角川春樹率いる角川映画の『犬神家の一族』、脚本家は橋本忍の立ち上げた橋本プロによる『八甲田山』などがヒットした。

 しかし、東宝から分離独立した東宝映画製作の映画はことごとく不作であった。分離当初は東宝から東宝映画に対して「配給枠」が設けられていたが、松岡功の方針によりそれも廃止され、他のプロダクションと同等の地位にされていった。

 特撮部門は1971年の製作分離により、東宝映像という別会社となり、独立採算制を強いられた。社長は円谷と二人三脚で特撮と戦記物を支えてきた田中友幸であった。円谷の引退、死去後、ゴジラシリーズは観客動員数を落とし続けていたが、田中は低年

齢層に向けた作りに変更するなどしたが、観客動員は戻らなかった。低予算で過去のフィルムを使いまわし、必要なところにだけ金をかける方針であったが、1973年の『ゴジラ対メガロ』で観客は半減、ゴジラシリーズもついに1975年にはいった打ち切りとなってしまったのは、さきに述べたとおりである。

　東宝映像の不作続きの中で起死回生策として取り組まれたのが1973年の『日本沈没』（本編監督　森谷司郎、特撮監督　中野昭慶）であった。実写部分は東宝映画が分担であったが、サイエンス・ファクトによるリアルさを追求した同作は東宝映像にとっての初のヒットとなった。大規模地震が東京で発生したらどうなるのかがシミュレートされ、倒壊した歩道橋が道を塞ぎ、見てくれのためにビルに多用されるようになったガラスが次々と人に突き刺さる様子や、政府がまったく無力な様子が描かれた。『日本沈没』は『日本のいちばん長い日』（1967年東宝配給、監督岡本喜八）とともに後の『シン・ゴジラ』に続く一つの源流となっている。

　東宝映画の方は、東宝映像製作の『ノストラダムスの大予言』、『東京湾炎上』の実写パートや橋本プロの『八甲田山』の共同制作、角川の『犬神家の一族』以降の金田一耕助シリーズなどで命脈を保ち、70年代は年間10本程度確保していたが、80年代にはいると年に数本を製作するのみになっていった。

　東宝系ではあったが、傍系で砧撮影所で野心的な製作を行っていた東京映画は1981年の『漂流』を最後に倒産した。

　東映はやや事情が異なった。任侠路線が実録ヤクザ路線に転換し『仁義なき闘い』などがヒットしたものの実録である以上はネタが尽きてしまい、また、現実の抗争にも関わってしまうことで限界を迎えた。東京撮影所は『トラック野郎』のシリーズで持ち

こたえたが、京都撮影所は『日本の首領』、『柳生一族の陰謀』、『青春の門』、『鬼龍院花子の生涯』、『魔界転生』などの大作をヒットさせたが、量産システムのスタッフを維持することは困難になった。

そこで京都撮影所が行ったことの一つは東映太秦映画村の開設であり、もう一つはテレビへの進出であった。テレビでは『新撰組血風録』、『素浪人月影兵庫』、『銭形平次』さらに『水戸黄門』、『大岡越前』、『暴れん坊将軍』、『影の軍団』などの時代劇ものである。京都撮影所はテレビ時代劇製作を中心とするようになる。しかし、それも90年代前半までであった。時代劇離れが進み、2011年には『水戸黄門』の「終了」とともにゴールデンタイムから時代劇は姿を消した。テレビ製作も『科捜研の女』、『京都地検の女』などの刑事ものが中心となり、映画はもっぱら他社への貸しスタジオとして機能することとなった。東京撮影所も同様にテレビシフトを行い、『キーハンター』などのアクションもの、『仮面ライダー』などの子供向けアクションヒーローもの、特捜最前線や相棒などの刑事ものを中心とした製作を行うようになっていた。

しかし、映画産業が単純に衰退したわけではなかった。観客動員数は1973年まで急落したが、その後は根強い映画ファンに支えられ減少率は比較的小さくなった。さらに各社とも鑑賞料の値上げに踏み切ったため、興行収入は1970年代から1980年代前半にかけて急増していた。ただし、フリーブッキングの中で国内各社の製作能力は減退し、1983年から2003年までは(一部の例外的年度を除けば、映画興行収入を支えたのは洋画であった。

4.4 1980年代日本映画産業の落ち着きの回復と平成ゴジラシリーズ

　1980年代日本の映画市場は落ち着きを見せてきた。東宝はゴジラを復活させることとなったが、1984年『ゴジラ』は原初モデルに戻り、人類の脅威として描かれるようになった。また、1989年の『ゴジラ対ビオランテ』は大人向けの社会派的な斬新なストーリーではあったが、当時流行していたホラー系の映像となってしまったことなどからヒットせず、方針転換が図られた。

　1991年『ゴジラ対キングギドラ』は定番怪獣を登場させ、ゴジラは親子で見るファンタジー映画化され、怪獣対決がメインとなった。ターゲットとして自分自身ゴジラを見た親とその子供となった。400万人前後の観客動員を行ったので、興業的に失敗とはいえないが、東宝の1995年からのシネコン化、作品ラインナップの見直し、制作体制の見直しの中で1995年『ゴジラVSデストロイア』でもってシリーズは中断した。以降、ゴジラは製作をハリウッドに任せ、配給・興業に専念する方針が採られた。

第5節　1990年代後半から2000年代前半の日本映画産業とゴジラ──迷走の時代

5.1　映画館のシネコン化、デジタル化と観客数の拡大、洋画優位

　1995年以降、シネコン化が進行した。シネコンは、単に大小スクリーンの組み合わせで観客に見合ったスクリーン利用ができるというだけでなく、多くは商業施設内に設置され、駐車場などを

共有し、ショッピングとのシナジーが追求された。立ち見をなくし、出入りによる光が入ることのない構造など鑑賞環境を改善し、また、比較的高い飲食物を販売するようにした。東宝系のTOHOシネマズ、松竹系のMOVIX、東映系のTジョイだけでなく、外資系（のちローソン傘下に）のユナイテッド・シネマや小売業からのイオン・シネマの参入もあり、スクリーンの多くはシネコンに代わっていった。それとともに、映写がフィルムからデジタル化が進み、上映のフレキシビリティは増した。これらを背景にスクリーン数はトータルには増大し、観客数も拡大傾向となった。しかし、2003年までは、これらの拡大を主として担ったのは洋画であった。

東宝のゴジラについてはこの時期の方針はぶれている。1995年に外国への製作委託を決め、トライスター社版の製作にいたったが、原作との間にあまりの乖離があったことから再度自社製作に戻すが、技術的な立ち遅れと観客ターゲットのブレによってまたすぐに中断してしまい、レジェンド社製作にまた戻るという迷走を続けた。

5.2　1998年トライスター社版 GODZILLA

本作は最新の恐竜研究を反映させ、またCGを多用することで、日本版とはかけ離れたゴジラのスタイルとなった。ゴジラは日本における「怪獣」としてではなく、ハリウッド映画に多く見られる「突然変異による超巨大生物」とされた。

日本では約51億円の興行成績（配給収入約30億円を興行収入換算）をあげた。観客動員数は360万人であり、日本では平成ゴジラシリーズを下回る水準であるが、世界で3億7901万4294ド

ル[2]）当時の対ドル円相場平均144円換算で約546億円）の興行収入となった。製作費は1億3千万ドル（同約187億円）であり、東宝映画版制作費の10倍以上であったが採算を取ることができた。

　日本では興行収入以上に、ゴジラの姿が大きく変わってしまっていることが不評であったが、モンスターによる恐怖映画として世界を市場として売ることには成功した。CGを多用し、着ぐるみでは表現できない多くの動きを表現したことでゴジラの新たな展開を準備したとも言える。

5.3　ゴジラ：ミレニアムシリーズ

　トライスター社版が日本では不評であったことと、逆に新たな展開の可能性あるように見えたこともあって1999年からシリーズは再開した。ストーリーの基本は平成シリーズと同じであるが、しかし、すでにCGが普及し、ハリウッドの都市破壊シリーズが人気を博しており、（部分的にCGも用いてはいるが）着ぐるみものは明らかに時代遅れだった。ストーリー的にも新規性はなく、親子も中高生・大人単独も見ないものにものとなり、映画産業が若干上向きになる中でゴジラの観客動員数は激減した。東宝は『ゴジラ』を『とっとこハム太郎』との併映にしたが、年齢層の低い子供はゴジラは好まず、逆にある年齢層以上は『とっとこハム太郎』を低年齢層むけとみなしたためむしろ併映二本分料金で一本を見せられた感覚となって、まずます観客動員数を落とした。

　2004年の『ゴジラ FINAL WARS』公開時に、東宝は今後しば

---

2) Box Office Mojo Godzilla　https://www.boxofficemojo.com/movies/?id=godzilla.htm

らくはゴジラ映画を製作しないことを発表し、それまで数々のゴジラ映画などの海上シーンで使用した東宝大プールを解体した。

第6節 2000年代後半以降の日本映画産業の展開とゴジラ復活

6.1 テレビ局製作拡大、アニメ人気、自社製作の一部復活、洋邦逆転

1980年代以降、日本の映画観客動員数は安定的に推移していたが、それを支えていたのは主に洋画であった。しかし、2000年代以降、邦画の興行収入が拡大し、洋邦の逆転が起こった。2010年の史上最高の興行収入も邦画によるところが大きい。

洋邦逆転をさせた要因は一つはテレビ局製作の映画の拡大、もう一つは良質な国内生産アニメの人気、最後には自社製作の一部復活である。

テレビ局製作 2003年フジテレビ製作の『踊る大捜査線 THE MOVIE2』が興行収入173億円という空前のヒットとなった。テレビと映画の関係はテレビで見れないものを映画で見るというそれまでの関係から、テレビの延長で映画を見るものに変化していた。つくりは同じで事件だけ少し大きくしたものの方がテレビドラマに慣れた視聴者を映画館に引き出すには有効だったのである。その後、テレビ局、とくにフジテレビは次々と映画製作に乗り出し、その多くは東宝系列で配給された。

アニメ映画の隆盛 アニメについてはジブリなど漫画やテレビアニメを土台にしないものと、『ドラえもん』、『名探偵コナン』な

ど漫画やテレビアニメを土台にするものに分かれるが、後者については『踊る大捜査線』と同様のことが言える。前者について画、ストーリーともにクオリティが高く日本国内だけでなく世界中でファンを獲得した。

自社製作の一部復活 自社製作（といってもほとんどは製作委員会方式）の一部復活については、2004年公開の東宝映画製作（ただし、単体ではなく東宝、TBS、博報堂DYメディアパートナーズ、小学館、スターダストピクチャーズ、MBSからなる製作委員会）の『世界の中心で、愛をさけぶ』が興行収入85億円を上げた。アニメにおいても同様で、そのもっとも成功した事例が興行収入235億円というとてつもない成績を残した2016年公開の『君の名は。』であった。

レジェンダリー社版 *GODZILLA*（2014年） 『ゴジラ対ヘドラ』（1971年）の監督である坂野義光は東宝から同作を基としたIMAX 3Dによる短編映画の製作権を獲得したものの、出資者を得られなかった。その後の2007年、坂野はアメリカのプロデューサーのブライアン・ロジャースと会い、プロジェクトに取り組むことを計画した。ロジャースは2009年にレジェンダリー・ピクチャーズに話を持ちかけ、長編映画を製作するプロジェクトへと移った。

2014年のレジェンダリー社製作（ワーナー・ブラザーズ／東宝配給）の*GODZILLA*は外観的にもトライスター版にあったような恐竜に近いものではなく、従来の怪獣のスタイルに戻し、ストーリー的には核問題とも絡めて日本の原初スタイルに近いものとなった。大規模予算によりCGを多用し、迫力ある画面とするとともに、日本人とアメリカ人の両方の俳優を起用、日本市場にも世界市場も受け入れられるものとして、国際的プロモーションも展開

した。監督は日本のゴジラファンでもあるギャレス・エドワーズ、出演は渡辺謙、アーロン・テイラー＝ジョンソン、サリー・ホーキンズ、などであった。

アメリカでは 2014 年 5 月 16 日に公開され、初日興行収入は 3850 万ドル（約 39 億円）に達し、世界オープニング興行収入 1 位の 1 億 9621 万ドル（約 196 億円）。2014 年 6 月 23 日時点で、アメリカ合衆国で 1 億 9291 万ドル、全世界で 4 億 7731 万ドルを売り上げている[3]。

日本では 7 月 25 日から全国 427 のスクリーンで公開され、最終的な興行収入は 32 億円となり、ミレニアムシリーズで最大のヒットになった『ゴジラ・モスラ・キングギドラ 大怪獣総攻撃』の 27.1 億円を上回った[4]。観客動員数は 218 万人を記録した[5]。

6.2 『シン・ゴジラ』

ゴジラについては、上記のように 1999 年に準備不十分なままに自社製作にいったん戻し、2004 年に再度中止するという中途半端な自社製作回帰があったが、2016 年の『シン・ゴジラ』はそれら失敗を踏まえた、本格的自社製作回帰であった。『シン・ゴジラ』のエグゼクティブ・プロデューサーの山内章宏（東宝株式会社映画企画部部長）によれば、ゴジラは「東宝にとっては唯一無二のキャラクターなので、どこかで復活させたい気持ちがありながら、

---

[3] "Godzilla（2014）". *Box Office Mojo*. IMDB.
[4] "2014 年洋画興収ベスト 10、ディズニー 2 作品で 320 億円！"（映画 com.，2014 年 12 月 11 日）
[5] "東宝はなぜ「国産ゴジラ」を再び作るのか ハリウッド版 2 作目にガチンコ勝負⁉"（東洋経済オンライン，2014 年 12 月 21 日）。

大事がゆえになかなか手が出せなかった」[6]。

　2012年に、レジェンダリーによるハリウッド版ゴジラの企画発表があり、また、レジェンダリー社版が大きく成功する中で自社製作の機運は高まった。東宝は近年では日本の映画製作において一般化している製作委員会方式すらとらずに、完全自社体制で新たなゴジラ映画製作に取り組むこととなった。着ぐるみは廃され、完全CG化された。ストーリーは東日本大震災を念頭に、ゴジラが実際に東京を襲撃した場合に日本政府がいかに対応しうるかという点から組み立てられた。

　監督は特撮に対する造詣の深さと、実写のキャリアもあり、人気アニメ、エヴァンゲリオンの監督ということで海外に対してジャパンメイドのゴジラとして引きがあるであろうということで庵野秀明氏が選択された。『エヴァンゲリヲン新劇場版』全4部作のうちの第4作『シン・エヴァンゲリオン劇場版:∥』はまだ完成しておらず、庵野氏は総監督、脚本での参画となり、監督は庵野氏の盟友、樋口真嗣氏となった。しかし、庵野氏の関与の仕方は中途半端なものではなく、ディテールにもこだわり続けた。戦闘のリアルさを出すための自衛隊との頻繁な打ち合わせ、リアルな政治プロセスを踏み、かつ、政治家らしい言い回しもできるよう政治家の方々への意見聴取などなどが繰り返された。PRにおいて「VS日本」としたのも過去の怪獣対決ではなく、対決するのは日本とゴジラであることを明確にしたものである。事前のネタバレはこれまでにない固さで封じられた。

6）エキサイトレビュー！「庵野秀明対樋口真嗣「シン・ゴジラ」撮影現場ルポ＆山内章弘プロデューサーインタビュー」https://www.excite.co.jp/News/reviewmov/20160921/E1474418852445.html?_p=3

しかも、過去のゴジラ（ただしアイドル時代は除く）において人間の戦闘能力は極めて低く、見どころは怪獣同士の戦いであり、ゴジラは死なず、去るだけであった。しかし、『シン・ゴジラ』においては人間の果敢な作戦が功を奏する。そこには想定外の事態にも最後はちゃんと対応してほしかったという東日本大震災への思いが込められている。

観客動員数は560万人と1965年の『怪獣大戦争』以来の500万人超えを達成、興行収入82.5億円を達成した。国内製作中断前の最終作である2004年の『ゴジラ FINAL WARS』が観客動員数100万人、興行収入12.6億円であったことを考えるとその復活ぶりは特筆すべきものとなった。『シン・ゴジラ』は旧来からのゴジラファンに加え、東日本大震災へのオマージュとしての人間ドラマとして大人の見る映画として成功した。

第7節 『シン・ゴジラ』後の展開方向——多面的展開

7.1 アニメ版『GODZILLA』（2017年、2018年）

『シン・ゴジラ』は成功したが、東宝は、次作は実写ではなくアニメとすることとした。東宝はその理由を明らかにはしていないが、『シン・ゴジラ』は成功したとはいえ、同年の東宝の最大のヒット作であるアニメ映画『君の名は。』に比較すると興行収入は3分の1に過ぎない。また、東日本大震災のオマージュとしてのシン・ゴジラのストーリーはシリーズ化には向いておらず、新たなストーリー展開が必要であり、アニメのほうがストーリー展開がしやすい。また、国際市場に売り込むにはアニメのほうが競争

第5章　ゴジラと日本映画産業

力がある。こういったことが東宝が、これまでこだわってきたゴジラの実写・特撮ではなくアニメ化した理由と考えられる。

　ただし、2017年には2014年レジェンダリー版の続編（レジェンダリー・ピクチャーズ製作、ワーナーブラザーズ配給）として *Godzilla：King of the Monsters* の撮影開始もアナウンスされたので、全面的にアニメ化する方針ではなく、多面的な展開を目指したものと理解できる。

　アニメ化にあたり、東宝が白羽の矢を立てたのは、ゲーム作家として成功し、アニメストーリー制作も手がけていた虚淵玄である。虚の脚本により巨大生物「怪獣」、特にゴジラの脅威にさらされた人類が他の星に移住しようとするが失敗、「亜空間飛行」のために2万年後の地球に舞い戻り、依然存在するゴジラの亜種生物と戦うというストーリーとして展開された。人類の滅亡の危機からの脱出という『宇宙戦艦ヤマト』や『エヴァンゲリオン』などとのテーマに近いものとなっている。監督は、『名探偵コナン 純黒の悪夢（ナイトメア）』でシリーズ最高63.1億円の興行収入をあげた静野孔文と、TVアニメ『シドニアの騎士 第九惑星戦役』などで知られる瀬下寛之の2人で、制作はポリゴン・ピクチャーズである。全3DCGで作成されているが、ピクサー／ディズニーのように立体性を強調するものではなく、日本アニメの特徴である比較的平面的な画像となっている。

　目指されたのはアニメという特性を活かした「シン・ゴジラとはむしろ真逆のゴジラ世界」[7]である。リアリティという点では、実写と特撮の組み合わせにおよばない。したがって、むしろ遠未

7）映画パンフレット『GODZILLA　怪獣惑星』におけるインタビュー記事での虚淵玄氏の発言。

来に設定し、SF 的なものとし、また、『シン・ゴジラ』では排除された「宇宙人」の存在も取り入れられた。ただし、ゴジラが強大な恐怖の存在であること、モスラと双子姉妹の登場、ゴジラに対抗するメカゴジラ、キングギドラの存在などこれまでのゴジラのリソースはふんだんに盛り込まれている。

　全3部作構成で、第1章『GODZILLA 怪獣惑星』は 2017 年 11 月 17 日に公開され、第 2 章『GODZILLA 決戦機動増殖都市』は 2018 年 5 月、第 3 章『GODZILLA 星を喰う者』は 2018 年 11 月に公開され、劇場公開後、動画配信サービス Netflix で全世界配信された。『GODZILLA 怪獣惑星』の 2017 年 11 月 17 日～ 12 月 3 日累計の興行収入はランキング　8 位　(動員 10 位) の 3 億 4234 万 9800 円であり、最終的には 10 億円に達しない見込みである。上映館数が限られており、また、映画館よりもネット配信に重点が置かれていることを考えると失敗とはいえないが、『シン・ゴジラ』で見せた盛り上がりには到底およばない。

7.2　レジェンダリー版の続編
—— *Godzilla: King of the Monsters* さらにキングコングへ

　2017 年にレジェンダリー版の続編 (レジェンダリー・ピクチャーズ製作、ワーナーブラザーズ配給) として *Godzilla: King of the Monsters* の撮影が開始されたことが発表された。監督は『スーパーマン・リターンズ』や『X-MEN 2』の脚本家であったマイケル・ドハティ。出演者としては渡辺謙とサリー・ホーキンズが続投し、2019 年 5 月 31 日公開予定である。

　これに続いて、さらにキングコングとの共演も予定されており、かつて日本国内最高の観客動員数を誇ったキングコング対ゴジラ

が世界規模で再現される。

第8節　おわりに

　東宝にとってゴジラはディズニーにおけるミッキーマウス同様に、特別な存在である。ゴジラのあり方は時代により大きく変化しているが、ゴジラをどのようなストーリーの中に位置づけ、どのような映像表現でもって描くかは東宝の映画作り、さらには日本の映画産業のあり方を象徴し続けてきた。

　初期2作では核の脅威、冷戦の脅威、アメリカの脅威がリアルに感じられる中で反核メッセージを明確にし、また、卓越した特撮技術を駆使し、大きな反響を呼んだ。しかし、第3作からは娯楽化し、子供向けのヒーローに変化させられる中で飽きられ、中断のやむなきに至った。これはゴジラのみの問題ではなく、日本の映画産業の衰退の中での減少であった。

　平成シリーズでは、キャラクターを恐怖の対象に戻し、また、ゴジラファンの親が親子連れで鑑賞するスタイルとなったこと、観客動員数も興行収入も安定化したこともあり、ある程度の復活を遂げたものの、クリーチャーもの化しかねない中で定番の怪獣対決路線に戻り、また技術的な立ち遅れも目立つ中で再度中止となった。外国会社の製作により新境地が拓かれたが、それに対する違和感から再度自社製作をするものの結果は惨憺たるものであった。

　2016年の『シン・ゴジラ』はこれらの失敗と成功の上に立っている。ただし、その大きな背景には3.11東日本大震災の存在がある。初期2作の背景に広島と長崎の原爆とビキニ環礁における第

五福竜丸の被爆があったように、『シン・ゴジラ』の背景には生々しい東日本大震災の記憶があった。ゴジラの出現は想定外の事態を象徴し、それは核の恐怖を伴ったものであった。定番であった怪獣対決は無く、想定外の事態に政府や人々がいかに対応し、問題に対処するのかが大きなテーマであった。

ただし、『シン・ゴジラ』はその性格上、シリーズ化は困難であり、その後は一方ではアニメ化によってSFファン層を開拓し、また再度国際化を図ることとなっている。核の恐怖の象徴から、いったんは子供のアイドルとなってしまったゴジラは、再度、世代を超え、国を超えて畏怖と愛着の両方を兼ね備えたキャラクターとして成長している。

人物説明

i **森岩雄**（1899-1979年）は、日本の映画プロデューサー、脚本家、映画評論家。映画評論家としての活動ののち、1932年にP.C.L.映画製作所の創立に参加し、同時に取締役に就任。のちにJ.O.スタヂオと合併して、1937年、東宝映画として新たにスタートを切ると、戦後、公職追放に追い込まれるまで、常務取締役として指揮をとった。追放後は三和銀行の取締役を務め、1951年、顧問として東宝に復帰、翌1952年、取締役製作本部長として第一線に返り咲き、東宝映画の総指揮官として戦後の日本映画黄金時代を支えた。1955年、製作本部長のポストを藤本真澄に譲った。1957年に専務取締役、1962年に副社長に就任。映画部門を藤本真澄、演劇部門を菊田一夫に任せて、日本の映画界、演劇界に影響力をおよぼした。1974年に代表取締役相談役に就任、1976年に相談役に退いた。1979年死去。予算と人的資源の管理を一元

化するプロデューサー・システムを日本の映画界に本格的に導入した人物とされる。PCL時代にハリウッド視察を行い、映画手法としての特殊撮影の重要性を認め、東宝発足後に円谷英二をたっての招きで迎え入れた。1954年の「G計画（ゴジラ）」を反対を押し切って実現した。

ⅱ **円谷英二**（1901-1970年）。1919年に映画界入り。1932年日活太秦撮影所在籍時に、映画『キング・コング』が日本公開され、試写で同作を鑑賞した円谷はこの特撮に衝撃を受け、フィルムを独自に取り寄せ、一コマ一コマを分析した。1934年撮影技術研究所主任として、東宝の前身であるJOトーキーに移籍。1937年JOと3社の合併による東宝の成立により東宝所属に。ハリウッド視察で特殊撮影の重要性を痛感していた常務取締役の森岩雄に招かれ、同年11月に砧の「東宝東京撮影所」に移った。その後、軍に協力し、教材映画や戦意高揚映画の製作に関与。戦後も特撮を担当したが、東宝争議に嫌気がさし、事実上独立。1947年に公職追放になり依願退職。フリーとなって「円谷特殊技術研究所」を設立。各社の特撮を担当。1952年に公職追放解除となり、同じく公職追放解除となった森岩雄が製作顧問として東宝に復帰したことで円谷も東宝に復帰した。同年、企画部に「インド洋で大蛸が日本船を襲う」という映画のアイディアを持ち込み、これが『ゴジラ』の草案のひとつとなった。1954年に田中友幸により『G作品』（ゴジラ）の企画が起こされ、円谷は新たに特撮班を編成。同年のゴジラの公開で名声を博し、1956年に「特技監督」就任。以降東宝のほとんどの特撮に関与した。1963年東宝との専属契約解消し、「株式会社円谷特技プロダクション」を設立、社長に就任。1966年円谷特技プロが1年かけて映画並みの製作費と体制で製作したテレビ特撮番組『ウルトラQ』がTBSで放映開始し、怪獣ブームに火をつけた。さらに『ウルトラマン』シリーズの放映開始で、その名が知れ渡った。1967年公開の東宝とランキン・バス・プロダクション共同製作の『キングコングの逆襲』の特撮を担当。『怪獣島の決戦 ゴジラの息子』で「ゴジラシリーズ」から身を引き、1970年死去。それとともに東宝の特殊技術課は廃止され、特撮製作部門も分社化された。

ⅲ **田中友幸**（1910-1997年）。1940年東宝入社。1947年東宝争議に伴い退社し、映画芸術協会に身を置いていたが1952年東宝に復社。プロデューサーとして活躍し、『ゴジラ』（1954年）以降、同社の看板シリーズとなった怪獣・SF映画のほとんどをプロデュースした。また、「8.15」シリーズをはじめとするアクション映画や戦記大作、黒澤明、岡本喜八監督などの作品も手掛け、喜劇・文芸作品を専門分野としていたプロデューサー・藤本真澄と東宝の黄金時代を牽引した。ゴジラの生みの親として紹介されるのは円谷英二であることが多いが、一般に知られているゴジラの基本設定を思いつき、実際の企画を立ち上げたのは田中である。1971年東宝の特撮部門が分離独立した東宝映像代表取締役社長。その後の組織改編等で各社の会長を務め、1995年に東宝映画相談役に退いた。1997年死去。

ⅳ **本多猪四郎**（1911-1993年）。日本の映画監督。1933年PCL（東宝の前身）に入社し助監督となった。しかし、8年間の軍隊生活により監督デビューは遅れ、1949年に短編ドキュメンタリーの『日本産業地理大系第一篇 国立公園伊勢志摩』でようやく監督デビュー。1951年40歳の時にようやく『青い真珠』で劇映画を初監督するにいたった。『太平洋の鷲』以降円谷英二とのコンビで多くの特撮映画を監督した。1954年の『ゴジラ』は全米で大ヒットを記録したため、一躍世界に名を知られるようになった。以降監督をした1957年の『地球防衛軍』（1957年）、『美女と液体人間』（1959年）、1959年の『宇宙大戦争』（1959年）、1961年の『モスラ』（1961年）、『キングコング対ゴジラ』（1962年）、『キングコングの逆襲』（1967年）、『怪獣大戦争』（1965年）、『フランケンシュタインの怪獣 サンダ対ガイラ』（1966年）はことごとく海外での配給が行われたため国際的知名度は高い。1971年に東宝を正式退社。円谷との縁から『帰ってきたウルトラマン』や『ミラーマン』等の円谷プロダクション製作によるテレビ作品の監督を務めた。1975年の『メカゴジラの逆襲』が最後の監督作品となり、その後は黒澤明の演出補佐などを務めた。1993年死去。

引用文献

ウィリアム・M・ツツイ著、神山京子訳（2005）『ゴジラとアメリカの半世紀』中央公論新社

東宝五十年史編纂委員会編纂（1982）『東宝五十年史』東宝

『東宝75年のあゆみビジュアルで綴る3/4世紀』編纂委員会、東宝株式会社総務部編（2010）『東宝75年のあゆみ：ビジュアルで綴る3/4世紀』東宝

フィアット・クリストフ著、平野暁人訳（2013）『フクシマ・ゴジラ・ヒロシマ』明石書店

第6章
西欧のためのモンスター？
それとも日本のもの？
―― 大怪獣の「アイデンティティ」をめぐる映画制作者の視点

扉絵6　宝田明氏と筆者
ニューヨーク市・Gerald W. Lynch Theater にて

カール・ジョセフ・ユーファート
Karl Joseph Ufert

第1節　GODZILLA／ゴジラは何者か？　モンスター（怪獣）だよ。

東京は今200万年前に戻っている。状況を遂時報告する。ゴジラと呼ばれる怪獣が今東京湾から出てきた。30階ほどの高さがある。防御線に向かって進んでいる。

これは、本多猪四郎が監督した日本映画『ゴジラ』（1954）のアメリカ版『怪獣王ゴジラ』（*Godzilla, King of the Monsters!*, 1956、以降『怪獣王』と記す）に登場するアメリカ人記者のスチーブ・マーチンの台詞だ。彼のいうモンスター（怪獣）とは英語ではどう意味なのだろうか。オックスフォード英英辞典では、monsterの意味は以下の通りである。

1. 大きな、醜い、恐ろしい想像上の生物。
    ハイエナの頭とオオカミの胴体を持つモンスター。
    世俗的なモンスターが住む寓話の世界。
    1.1 残酷で、邪悪で、非人間的な人間。
        例えば、「彼は、感情のない危険なモンスターだった」
    1.2 ユーモラスだが、無礼で行いの悪い人。典型的なのは子供。

例えば、「彼はまだ一歳にすぎないが、もうすでに小さなモンスターだ」。
2. 法外なあるいは恐ろしい大きさのもの。
例えば、「これは、本のモンスターだ。500ページ近くある」。あるいは修飾語として「36パウンドの巨大な鯉」など。
3. 形状が悪化した突然変異の動植物。

英語の monster（モンスター）の起源は、中世後期の古仏語の *monstre*、ラテン語の *monstrum* で「（重大事が起こる）前兆あるいはモンスター」であり、これは、「警告する」のラテン語 *monere* から由来する。

第2節 化け物としての日本のモンスター（怪獣）

　さらに『怪獣王』の中のフラッシュ・バックで、マーチンは、大戸島でゴジラの全貌を初めて見た時のことを、ユナイテッド・ワールドニュース紙の編集長ローレンス氏に、国際電話で次のように報告する。

　　ものすごく大きい。想像を絶する恐ろしさだ。（中略）まるで怪獣（モンスター）の生きた化身だった。

では今度は、日本語では、「怪獣」とはどんな意味を持つのだろうか。巨大な怪獣は、「化け物」や「おばけ」といった言葉、つまり姿形を変える生き物や獣を意味する。それは、まさしく想像を超えた恐ろしいもの――怖いものなのである。

第3節　オリジナル版『ゴジラ』(1954)の流通
──日本とアメリカの怪獣映画

　2012年のクライテリオンコレクション(Criterion Collection)は、2012年の復刻版『ゴジラ』の高精細度ホームビデオを、『怪獣王』のDVDの付録をつけて、アメリカ合衆国と各国のグローバルな観客にリリースした。ビデオ・カバーには次のように書かれている。

> ゴジラは、全怪獣映画のなかで唸り声をあげる大祖父のような存在だ。それは、日本が原爆と太平洋での水爆実験によってひどく動揺していた時代に制作された、人間性あふれるメランコリーなドラマである。放射能を帯び暴れ回る獣は、日本国民の恐怖を目に見える形で強烈に描きだした怪獣であり、グローバルな破壊のイコンとして最も愛され、30もの続編を生み出したのだ[1]。

『怪獣王』、いや、多くのわれわれが非公式に呼ぶ「バー・ヴァージョン(Burr version)」は、1956年から1990年半ばまで40年近くの間、ゴジラ映画の作品としてアメリカ人が最初に観たものだった。1950年代・1960年代にオリジナルの『ゴジラ』(1954)がアメリカで上映されたのは、アート・シアターのみであり、それは字幕つきのものだった。その後、ホームビデオの到来までア

---

1) 翻訳が公的に存在しない本章の英文も翻訳はすべて訳者の拙訳である。

メリカで上映されることはほとんどなかった。少数のファンや映画通が、ファンのコミュニティーの会合で正式には認可されていないオリジナルの『ゴジラ』や多くのリメイクと他のシリーズのものを観られるようになったのは、1990年代の半ばになってからのことである。特筆すべきは、大怪獣の豊富なカタログは、日本独自の作品であり、東宝作品と、東宝の画期的な製作に反応し、こぞって怪獣ジャンルに参加した大映、松竹、日活のものであったことである。日本語を解さないアメリカ人の大部分と、日本に住んだことがなくあるいは日本語で書かれた映画について学術書などを読んだことがない者は、日本人が「怪獣映画」もしくは「大怪獣映画」と呼んでいるのをずっと後で知ったのである。

第4節　怪獣の起源——日本の民話

Giant Creatures in Our World の著者である Camille D.G. Mustachio と Jason Barr は、アメリカのポピュラー・カルチャーに関するエッセイの序論で次のように述べている。

> 「怪獣」は、1）文字通り「奇妙な獣」という意味であるが、大雑把に言えば、ノスフェラトウ（吸血鬼の総称）からレザー・フェイス（殺人鬼）まで、映画の想像上の多くの生き物を含んでいる。厳密に言うと、「大怪獣」という語は「奇妙な」という意味と「大きな」という二つの意味を持つ。中国の教科書プロジェクト（The Chinese Text Project、電子版図書館）によると、怪獣という語は、正しく言えば、中国の古典『山海經』（*Classic of Mountains and Seas*, or *Shan Hai Jing*）

第 6 章　西欧のためのモンスター？　それとも日本のもの？

にさかのぼる。

　また、日本の国会図書館のデジタル・コレクションのエントリーには、「1908 年、明治時代には、絶滅した恐竜のケラトサウルスがアラスカで生きていた」ことが示唆されていた。そしてそれが「怪獣として言及されていた」とある。古代にさかのぼると日本には「妖怪」がいた。これらは、「日本の民話に現れる超自然の怪獣の類い」であり、「別世界の（もののけの）あるいはばけもの」と「奇怪な」という漢字で構成されている。「妖怪」とは、悪意のあるものから、いたずら好きのもの、時には出会った者に幸運をもたらすなどさまざまである。「妖怪」は、動物の特徴をもったり（例えば、亀によく似たカッパ、羽を持つ天狗など）、人間の姿をして現れたり、時には、動かないモノに見えたり、また、見分けのつかないものもある。この怪獣、生き物、「物の怪」などは、長きに渡る口承の歴史物語や詩、劇場やラジオを通して、また後には映画などの新しいメディアを通して、幼い子供達に知れ渡っていたし、今もなおよく知られている。

　例えば、第二次世界大戦中には、日本の映画史においてランドマークとなった瀬尾光世という漫画家が、松竹のスタジオシステムの一部として初めて長編アニメーションの『桃太郎の海鷲』（1943）を製作・上映した。松竹のウェブサイトによると、日本海軍後援によって「第二次世界大戦時に製作されたプロパガンダのアニメーションフィルムだった」のである。日本の説話の「桃太郎」の典型的な物語にもとづき、桃太郎と彼の部下を日本海軍に例え、帝国海軍の活動を描写したものであった。数種の動物が大東亜共栄圏の人々を表し、ともに共通の目的のために戦う筋書

155

きだ。こうして一丸となった力が、鬼が島の「鬼」（鬼は米英軍を表す）をやっつけるのだった。生き物は、姿を変え、超自然のものとなった。まさに、言葉の定義どおり、「ばけもの」もしくは「お化け」と呼ばれる獣であり、日本独自のものだったと言えるだろう。

第5節　ゴジラと竜

　桃太郎の民話は、『ゴジラ』の制作関係者も全員が知っていただろうが、日本の民話には竜に関する話もある。作家で文芸批評家である Mark Schumacher 氏は、日本の「竜」の起源について次のように簡潔に描写する。

　　日本の竜に関する伝説は大部分が中国から由来したものである。爬虫（はちゅう）類の竜のイメージはアジアのいたるところで見つかり、今日広く認識されている絵像は、9世紀の唐の時代の水彩画の中にもすでに描かれていた。

　しかし、古代の日本の神話に登場する竜は、破壊をもたらすものではなかった。彼の言うには、「竜は恐ろしく強いが、同時に正しく、慈悲深く、富や幸運をもたらすものとして考えられている。また、竜は人間の姿となり、人間と友達になことができる、姿を変えるものとしても信じられているのである。こうして第二次世界大戦後の日本において Schumacher が竜を描写したように、「恐ろしく強い」すさまじい能力、世界を支配する力を持つ生き物が、支配できる力を持つものから、善いことのために、そして破壊の

ためにも、まだ知られていない優れた能力を持つミュータント（突然変異体）に姿を変えることができたのだろう。この神話的な竜の描写も「化け物」、であり、人間にとっては、脅威であるとともに警鐘を鳴らすものとして認識されうるかもしれない。

　第1章のフルーグフェルダー氏も、ウェブサイト「Growing up with Godzilla」（www.growingupwithgodzilla.org）の中で、姿を変える化け物を「お化け」と呼んでいる。この「お化け」とは「化け物」の別の言い方である。ゴジラの描写は、日本人独自の体験——戦争で核兵器の呪いを受けた唯一の国の（アメリカ合衆国を含む他の国々も土壌における核実験から副作用を被っているとはいえ）、秘密のアメリカの核実験で直接国民の一人を失ったという体験——を通して造られたものだ。この姿を変える竜は、「神秘的で目もくらむ光」を放つものとして現れる、はっきりと示されてはいないが全能の兵器から、その国の民話から生まれた爬虫類の怪獣へと姿を変えるのである。

第6節　ゴジラと原子爆弾

　　映画のテーマは始めから原爆の恐怖だった。人類は原爆を造り、今や自然が人類に復讐をしようとしていた。（田中友幸）

　1954年の『ゴジラ』の最初のシーンでは、（『怪獣王』にも前半のフラッシュ・バックで描かれる）アメリカのキャッスル作戦ブラボー水爆実験に関連し起こった第五福竜丸事件から由来した光景が描かれる。保安官の友永が伝えるように、漁師を運ぶマグロ漁船が、目のくらむ閃光を見たかと思うとあっという間に、海が

炎に包まれたのだった。これは、続いて起こる漁船が沈む場面の、進行中の見えない恐怖であり、『ゴジラとアメリカの半世紀』でウィリアム・M・ツツイが描く、原爆の隠喩なのである。

> 田中がインドネシアから飛行機で日本に向かうほんの数週間前、三月一日に、アメリカは太平洋の中部に位置するビキニ環礁沖にて、15メガトンの水素爆弾——広島に投下されたものの数千倍ものの威力を持つ破壊兵器——を爆発させた。（皮肉にも）第五福竜丸（*Lucky Dragon No.5*）という名の小さなマグロ漁船が核実験の危険域内に漂っていた（p.26）。

ツツイは、現実のドラマで漁師が見たものを描き続ける。

> 23名の乗り組み員たちの報告によると、「西から日がのぼった」のを目撃したということだった。さらに網を引き揚げて港へ向かう彼らに細かい粒子の白い灰が降り注いだという。漁師たちはその後、放射性中毒になり、捕れたマグロは汚染されていたが、放射能による影響が明るみに出る前に日本の市場に出回ってしまっていた。ニュース・メディアが核の恐怖とアメリカに対する敵意をむきだしにして騒ぎ立てた。（p.26）。

もし、『ゴジラ』の中で「目のくらむような閃光」が炎の海となるのを見るような恐ろしい効果で、日米両方のバージョンで示されたように、最初の船が沈み、その後救助船が同じ理由で沈むなら、なぜゴジラの破壊のアプローチが続いて登場する時に変わるのだ

ろうか。もし、怪獣ゴジラがキャッスル作戦ブラボー実験の表象——ツツイのいう「15メガトンの、広島に投下されたものより千倍強力な武器、水爆」——で破壊する際に、恐ろしい光を放って現れるのであれば、どうして映画の残りの場面で同じようなアプローチを取らないのだろうか。

　それは、ゴジラが、エネルギーであり、光であり、そして山根博士が足跡について怪獣の肉体性の一面として説明するように、「生き物」だからである。それは、放射能であり、放射能から生まれ、生きて息をする——恐らく恐竜が目覚め、突然変異した類の——動物なのである。それではどのように実際、その怪獣が物理的に一分で火となり、次の瞬間には、ジュラ期の50メートルの目覚めた突然変異種の恐竜になりうるのか？　その現象について、NBCテレビ放送のドキュメンタリー『原爆を投下する決定』（1965）の有名なナレーションのなかで、科学者オッペンハイマー（J. Robert Oppenheimer）が、原子爆弾の製作というマンハッタン・プロジェクトへの逸話を通して、描写する次のような比喩から答えを探すことができる。

　　私はヒンドゥー教の聖典バガヴァッド・ギータ（*Bhagavad-Gita*）からの一行を思い出した。ヴィシュヌ（ヒンドゥー教の神）は、王子に任務を果たすように説得し感銘を与えようと、多数の腕の姿で現れて、次のように言う。「我は死神なり、世界の破壊者なり」。

「死神」になるということは、ヴィシュヌは「化け物」つまり「お化け」である。それは魂として自然におよぼす力である。破壊神

として現れる多くの姿を持つことができる創造物なのである。では、これは、化け物のような自然のもの——つまり、原子——なのであろうか。ただ単に怪獣を創造するだけではなく、人間の介入によって、創造主から創造物へ、加害者から被害者へ形を変えるものなのだろうか。

第7節　ゴジラと神と災害——宝田明の言説

　上記の神話を確認するには、1954年の『ゴジラ』のなかで主要人物を演じた俳優の宝田明（彼は映画製作のスタッフに「ゴジラはスターだ」と言われたそうだが）が受けたインタビューが役に立つ。それは、2014年にKyle Yountによって行われた、同氏の映画 *Hail to the King: 60 Years of Destruction* の中でのインタビューである。宝田は「私は誕生の頃からゴジラのことを考えると、ゴジラは神によってこの世に送られた神聖な獣、日本語で言えば『聖獣』と思わざるを得ない」と述べている。民話からのこの言説は、宝田によると、それは、恐ろしいものであったかもしれないが、人類と交わり、メッセージを運ぶことのできる「魔法の竜」だという。ツツイは『アメリカとゴジラの半世紀』の中でこう書いている。

> ゴジラという存在は、日本人の長期にわたるさまざまな不安を映し出し、とりわけ畏怖の年を抱かせる突発的な自然の脅威に対する日本の根深い脆弱性を表現の対象としてきた（p.24）。

第6章　西欧のためのモンスター？　それとも日本のもの？

　神あるいは神聖な獣のみが、メッセージを運ぶ者として、堂々とした印象的な力を表すことができたのだろう。ツツイによると、この力は、昔から定期的に島に囲まれた日本で経験されたもので、「母なる自然が命ずることができるほとんど全ての破壊する力の照準にしていた」のである。

　　日本の島々の住民は、地震、火山噴火、台風、津波、洪水や土砂崩れなどの予測不可能な猛襲に絶えず脅かされ、耐えてこなくてはならなかった。火災も、特に木造家屋の密集した炎上しやすい都市部の日本の人々を絶えず苦しめてきた自然の脅威である（p.24）。

　ツツイ（2005）は、日本の古くから伝わる「地震、雷、火事、おやじ」と言う四つの恐ろしいものを挙げている。災害をもたらすという怪獣の根本的な現象ばかりでなく、神、姿を変える力であり、ツツイの言う、「ゴジラの激しやすい性格、気まぐれ、徹底的に破壊する性癖、それに災害をもたらす自然現象のような特性」である。「もし、創造物のメッセージとしての存在の恐ろしさと関連づけ、古い日本のことばを怪獣神に応用すれば、『地震、雷、火事、ゴジラ』と言い換えることができるのではないだろうか」（p.25）とツツイは断言している。

第8節　ゴジラと映画の作り手——日本人らしさ

　日本の東宝——この不朽のシネマ・ジャンルを開拓した最初の企業——に製作された、オリジナルの『ゴジラ』映画、多くの続

編、そしてその他の大怪獣映画は、さまざまな才能が結集して制作された作品である。それらは、当時においては傑作であり、同時に非常にユニークなものであった。このチームについてジェフ・ヤン（Jeff Yang, 1968-）は、エッセイ[2]の中で次のように書いている。「原爆——その恐怖を東宝の大怪獣が象徴的に描いたと言われていた——と同様に、ゴジラもまた専門家のチームによって創造されたのだ」。ヤンによると、そのチームには、稲垣浩監督や黒澤明監督の映画作品を手がけたベテランのプロデューサーの田中友幸が含まれていた。ゴジラ映画の背後で操っていた映画作りの指導者は、本多猪四郎監督であり、「『ゴジラ』以前も以後も、彼は、黒澤と一緒に作品を創っていたのである」。

さらに、映画の特殊効果に関してまれにみる才能の持ち主がいた。円谷英二は、当時もうすでに日本ではその才能を認められていたが、現在では伝説の特殊効果のアーチストである。彼は、「ゴジラ映画の特殊効果の魔法法使いとして有名になった後、東宝を出て独立し、怪獣スーツとミニアチュアのセットの設計技術をテレビに応用し、ウルトラマンの番組に驚異的な成功をもたらしたのだった」。このような芸術家たちは、脚本家の村田武雄とともに、こうした要素をオリジナルの『ゴジラ』に結集し、「核の恐怖（ゴジラは核実験によって目を覚まされ、殺し屋に突然変異させられたのである）と自然の脅威（ゴジラは人格化された基本的な自然の力）、そして政治的な不満（ゴジラは日本の国会をスクリーン上で破壊する）といったテーマを盛り込んだ素晴らしい幾重もの層からなる物語を編み上げたのだった」。

---

2) *Eastern Standard Time: A Guide to Asian Influence on American Culture from Astro Boy to Zen Buddhism*

しかしながら、第二次世界大戦後のアメリカによる占領の2年後に刺激的に上映されたゴジラもしくはGodzillaは、日本で最初に登場した時にはどのようなものだったのだろうか？　スティーブン・スピルバーグが、1993年に自身の大怪獣映画の傑作『ジュラシック・パーク』の製作に関するインタビューで、次のように語っている。

　　ゴジラは全ての恐竜映画の中の最高傑作だった。なぜなら本当に起こっているように思わせたからだ。

スピルバーグ師が抱いていた印象は、ゴジラの本質的な魅力に関するものだった。スクリーン上の出来事が「本当に起こっている」と思わせる、こういう類いの怪獣は、それらを作りだした芸術家たちの巧みな技のお蔭であると言えるだろう。しかなながら、私は、そうした匠の技は、前述したように、日本の民話を深く染み込ませた作り手の成果であると言い直したい。

第9節　ゴジラとグローバル現象——原爆の具象化

　日本のポピュラー・カルチャーに関する著書 Age of Gods の中で作家 Guy Mariner Tucker は、田中友幸プロデューサーの『ゴジラ』の主なモチーフに関する次のコメントを引用している。

　　映画のテーマは、最初から、原爆の恐怖だった。人類が原爆を創造し、今や自然が人類に復讐をしているのだ。

恐ろしいものから恩恵を与える存在へと姿形を変える自然そのものが、人間によって操られているのだった。武器（水爆）によって創造された武器（核兵器）として姿を現したゴジラは、一気に竜となり、鬼となり、生き物となり、幽霊となる。かつては畏敬なるものであったが、今や恐ろしい、怖いものとなるのである。

Tucker が言うように、

> ゴジラ怪獣は、報復の一撃と終わりのないサイクルという陰険なイメージとの両方を表現する。戦争が原爆をもたらし、水爆がゴジラをもたらした。そしてゴジラは、さらにいっそう恐ろしいオキシジェン・デストロイヤーによってのみ打ち負かすことができるかもしれないというサイクルであった。もし核兵器やゴジラより悪いものがあり得るとしたら、そのとき一体全体そこから何が生まれてくるのであろうか。

オッペンハイマーは、1965年のドキュメンタリーより10年前の1955年に行われたジャーナリストのエドワード・R・マロー（Edward R. Murrow, 1908-1965）のインタビューで「人間の考えと意向には秘密があるけれども、自然界には秘密がない」と言っていた。しかし、戦後1950年代の日本占領期における「人間の考えと意図」は、そうした秘密であり、ゴジラ怪獣としての原爆の体現であり、人類が自然を操作するというグローバルな現象だったのだろうか。デイビッド・カラット（David Kalat, 1970- ）は1954年の『ゴジラ』のクライテリオンコレクションに以下の解説を寄稿している。

本多は、事実、放射線を可視化しようという考えを固めていたそうだ。大破壊がなにかによって可視化できるという考えに彼は魅せられていた。それでは映画のドラマのためにどうやってそのはっきりしないものを表現するのか。おそらく巨大怪獣に集中した放射線の光線を与えたのだろう。神話的な炎を吐く竜と現代の原子力科学との合体である。

それは、ゴジラが「目のくらむような閃光」から、行く先々を全て破壊する怪獣へと姿を変えるとき、竜のように、人間が作り出した全ての建物や武器を焼き尽くす核時代の申し子として、放射線を放出し、人々を驚かせるのだ。これがゴジラを不屈にする。戦車も榴弾砲も電線もミサイルもそれらのあらゆるものがゴジラの大光線によって地球から消されるだろう。食い止めることができない——創造を超えた力に対する戦争の中で国土を守ろうとする日本国民を打ち負かす——ことは、生きており息をしているものがまた自然ではない力である一方で、征服者になることと同じなのである。

第10節　日本人の戦争の記憶

『ゴジラ』映画とその続編の内容、およびゴジラ映画が作り出したシネマのジャンルの内容を、原爆としての怪獣と全く同じものと見なすのは不可能である。なぜなら、田中、本多、サイエンス・フィクション作家である原作者の香山滋、脚本家の村田武雄、円谷英二、作曲家の伊福部昭、映画写真家の玉井正雄、そしてその他の映画の作り手は皆それぞれクリエイティブな才能の持ち主で

あり、そのような作り手が作り上げたものであるからである。しかしながら、結局は、怪獣映画を制作するということは、日本社会の一員として全員に共通する見地から由来したものだからだ。

その見地とは、ツツイの言う「人間が行った破壊に対するもっとも早くに刻まれた苦悩の記憶」なのだった。そして一体何がほとんど不可能で測りしれない破壊をもたらしたのだろうか。ツツイは次のように続けている。

> 日本政府は一九五六年に「もはや戦後ではない」と希望を込めて宣言したが、五十年代半ばの日本は、まだ戦争そのものと敗戦による後遺症に──物質的にも、精神的にも──悩まされていた（p.25）。

カラットは、クライテリオン版のDVDの解説のなかで「ここでわれわれは過去から抜け出すのである。（中略）新しい核時代という隠喩である。つまり制御不能で不吉なものから抜け出すのはこの地点である」と述べている。また、カラットは、1991年の本多猪四郎の次のインタビューを直接引用している。

> 一番の問題は、原爆として当時知られていたものに関わる不安だ。当時、私は香山滋が呼んだ「絶対的な恐怖」を把握する能力があったと思う。私は映画監督をしたときには、あらゆる特殊効果を用いた驚くべき映画に仕上がった。しかし、実際、戦争から広島を通って帰国した時には、この世はもうすでに終わりに近づいているという非常に重苦しい空気があったのだ。

第6章　西欧のためのモンスター？　それとも日本のもの？

ツツイが言うには、

> 日本の都市は戦時中の空爆による火災被害から復興の途上にあり、家族は離れ離れになったまま悲しみに暮れていたし、生き残った人々は、さまざまな要因がからみあう喪失感——大切なものの命、夢の喪失、敗戦——にさいなまれていた（p.25）。

これは、もちろんアメリカ合衆国のせいだった。核の恐怖を認識し、それを味わった日本人独自の体験は、全面戦争と侵略の産物であり、世界中のさまざまな文化に生きる人々による自然の操作の産物である一方で、最悪の恐怖がアメリカ人によって日本人にもたらされたのだった。

1950年代には、政府の指導の下、世界情勢を慎重に見ながら、次第に経済的な繁栄が戻り、物理的な再建が着実に進んでいたにもかかわらず、戦争の暗い記憶は——映画『ゴジラ』は自然にその記憶を喚起していたが——ありありと衝撃的なまま人々の心に残っていたのだ。Tuckerは本多の言葉を引用し、次のように言っている。

> 直接の戦争体験から生まれた、暴力が暴力を生むということに関する知識と同様に、原子爆弾の脅威に関する本多の不安は、怪獣とオキシジェン・デストロイヤーの両方のイメージのなかにある本来の恐怖にも関係していた。本多は、「私は、戦争というこの悲劇的な結末のあと、世界に何が起こるか誰も知り得なかった」と説明した。オキシジェン・デストロイ

ヤーは、言葉にできないような恐ろしい科学の発見を表現していた。『ゴジラ』のなかで、それは（オキシジェン・デストロイヤーは）、秘密でアメリカによって開発され、使用された日本の国土を襲ったものよりさらにずっと強大な爆弾に類似する、破壊できないものを破壊することができる唯一の武器として使用されたからである。

宝田明は、2014年のヤンとのインタビューで、次のように話していた。

この映画の背景、つまり当時の社会的なコンテクストとは、日本はなお広島や長崎に投下された原爆によって被害をうけていたという状態である。（中略）これ（原爆投下）が国民の心の中に放射能に対する不安を植え付けたのだ。9年後、第五福竜丸がアメリカのビキニ環礁での水爆実験のために放射能の新たな犠牲となったのだ。

インタビュー[3)4)]のなかで、スティーブ・リーファル（Steve Ryfle）は、『ゴジラ』について本多の次の言葉を引用する。

それは耐えきれない悲しみの映画だと感じている。そうした

---

3) 2017年のエド・ゴッドジスツースキー（Ed Godziszewski）との共著である本多猪四郎の伝記（*Ishiro Honda: A Life in Film, from Godzilla to Kurosawa*, 2017）についてのインタビュー。

4) これはサイファイ（Syfy: science fiction publication）、アメリカのNBC傘下の衛星放送およびケーブルテレビの番組におけるPatrick Galavanによって行われたインタビュー。

第 6 章　西欧のためのモンスター？　それとも日本のもの？

　　悲しみは、映画が私の心を動かし続け、映画を見続けれられ
　　る理由の一つである。われわれは今ではゴジラは原爆のメタ
　　ファー、生きた証だと知っている。

すなわち、リーファルの言うには、「それ（『ゴジラ』）はまた生き
た戦争の証でもある。確かに映画には広島や長崎や東京大空襲の
状況を撮影した写真やそれを想像したもののように見えるイメー
ジがある」のである。日本人にとっては、そうした戦争の敗北の
光景をめぐる記憶がパラダイム（思考の範囲）を拡大するのであ
る。つまりそうした記憶が、ゴジラを 1954 年当時・現在・未来を
通して不安を呼び起こす核実験の力としてだけでなく、単に国土
を破壊する爆撃を超えた威力としてだけではなく、そうした全て
の大惨事を敗北としての力として見なし、パラダイムを拡大する。

　　「不可能であるかもしれないが、このような比較的最近の記憶
　　をもった 1954 年の日本人の考え方に身を置けば、非常に感動
　　する体験であったろうと思う」

とリーファルは述べている。「共通の経験を過ごした人々に関す
る、またそうした人々のための映画である」。エッセイ *Eastern
Standard Time* のなかでジェフ・ヤンは、「嘆きの象徴と公然の暴
力の結合がカタルシスであった。（中略）日本では即座にヒットし
た。一方、ゴジラ映画の根底にある、原爆の後のパラノイアが心
をとらえたのは、冷戦のアメリカにおいてもだった」と述べてい
る。
　その力はゴジラだったのか、しかし、本当にアメリカとの戦争

の比喩（メタファー）であり、アメリカによる敗北の比喩だったのか？　化けものやお化けのようにメタファーは、力に、エネルギーに、そしてゴジラという生き物に姿を変える。恐らくゴジラは制御できない場所と時間と環境に存在するという点で戦争という悲劇のメタファーでもあったのだろう。また、侵略の結果の犠牲者でもある一方で侵略も犯していた。Tuckerは、*Age of Gods*の中で本多からの引用を行っている。「怪獣は、悲劇の存在である。好んで悪になったのではない。背が高すぎたのだ。強すぎたのだ。重すぎたのだ」。

本多の伝記を読んだRichard Pusateriの批評によれば、「本多は自身の信念が微妙に登場人物を形作った。社会的に進歩的で傾倒している平和主義者」になったと述べている。ターナー・クラシック・ムービーズ（映画専門チャンネル）のウェブサイト「本多猪四郎監督のもとで（*Directed by Honda Ishirō*）」において、俳優のRichard Harland Smithは、本多の原爆の影響に関する直接の体験を描写している。「小隊長として中国人の反乱軍を探し出したと告発され、二度刑期を延ばされ、本多は6カ月捕虜として過ごし、1946年に広島経由で本国へ送還された。そこで、彼は、じかに原爆による破壊の大惨事を見たのだった」。

本多は、最初の長い任務の後に日本帝国陸軍の一兵士として戦争の威力を目にしたとき、人類の能力、想像、科学よりはるかに大きい何かによってもたらされたほとんど不可能な力を、戦争が人類にもたらしうる影響を見たのだった。

2017年のヤンとのインタビューで、宝田は、映画のスタッフが感じている本多の創作および感情について次のように話している。

明らかにゴジラは破壊者であるだけでなかった。ゴジラは海洋で放射能の洗礼を受け、体の中に放射能が蓄積したため、地上にたどり着くまでにそれを放出し始めたのだった。だからゴジラは単なる都市を破壊する怪獣ではないのだ。私はむしろやつを警笛や忠告を人類に伝える媒介者として見ていた。これは、映画の撮影に従事した時のわれわれの理解だった。ゴジラは、力であり、生き物であり、アメリカであるのと同様に原爆であったが、日本でもあった。国民でもあった、恐怖でもあった。繰り返しになるが、姿を変えるものであり、グローバルな人類そのものだったのである。

ジョアン・メレン（Joan Mellen, 1941- ）は著書 *Voices from the Japanese Cinema* の中で、当時健在だった偉大な日本の映画監督たちにインタビューし、また、先駆的な映画のプロデューサーでありキュレーターである川喜多かしこについても、次のように記録していた。

川喜多婦人はインタビューで第二次世界大戦が主要な文化的な岐路を表していると次のように強調する。
「新しい行動形態が古いものの上に接続された。もちろんそれは部分的にすぎないが、表面下では、力強い封建的な訓練のしみ込んだ感情が粘り強く存続する。そのあとに続く衝突は、内面的なものであると同時に映画芸術に投影されたものであり、その中で日本は抑えきれないほど強く活力のある文化として現れるのだ。あらゆる即座の変化には、自己反省のプロセスに対する気づきがある」

これが、時間と場所だけでなく、日本人の心も捉えた本多猪四郎のような映画の作り手によって捉えられた時代精神と言われているものかもしれない。何かが、この苦悩を、戦争の影響を、そして核の戦いと当時新たに現れ始めた冷戦といった恐ろしい全体像の影響を、体現しなければならなかったのである。
　カラットは、クライテリオンコレクションの解説で次のようなコメントをしている。

> 1954年の映画のプレミアの11月1日に、暗闇に着席する日本の観客にとって、スクリーンに展開されるメッセージは明らかだった。（中略）これはサイエンス・フィクションではない。いや、フィクションではないのだ。これは現代のおとぎ話、つまり、核時代のための現代の民話として、総括された最近起こった出来事である。

このことからもまた、田中、本多や他の者たちによって出されたメッセージについて、ツツイはこう書いている。

> ゴジラがこの環境から出現したということは、利口な日和見主義（なかには、作り手に対する大胆な皮肉としてこう言ったものもいる）を暗示するだけでなく、映画とそのメッセージが最も深遠な論争となる当時のぞっとするような問題をどのように取り扱ったかを示している。

第11節　ゴジラに対する同情

　カラットは、その想像力溢れる制作スタッフから生まれたゴジラに対する同情の感情について熟慮している。

> 東宝は、1954年10月に制作者のために仕上がった映画を上映した。それは、全国規模の初公開の1カ月前だったが、深遠な効果があった。香山滋や宝田明は涙を流したのである。日本人としての苦しみに対するものだけではなく、ゴジラが最後に死ぬ時にも泣いたのだ。事実、これらの作り手の、本多猪四郎、中島晴雄、伊福部明やレイモンド・バーでさえもインタビューを終えると、皆、ゴジラに、偉大なる誤解を受けた悲劇の生き物に、感情移入し、同情したのだった。

　2012年に米国映画撮影監督協会は、クライテリオン版の上映のために『ゴジラ』について次のように書いている。

> 本多猪四郎監督と脚本家村田武雄は、ゴジラの犠牲者（ゴジラ自身がそうであることは言うまでもなく）を発展させ、人間化するのに時間をかけている。

　そして映像上の破壊は、『怪獣王』の成功によって刺激され制作された後の災害映画のほとんどどれよりもずっと深く感じられたのだった。宝田は2014年のインタビューで、映画のメッセージはもっとも深遠な学びの一つであると答えていた。

破壊者ゴジラが戻ってくるのを防ぐには、人類は次の二つの
　うちの一つを行わなければならない。地球が完全に滅亡する
　まで核戦争を続け、馬鹿げた争いを続ける。そうすれば、ゴ
　ジラの余地はないのである。もう一つの選択肢は、人類が平
　和な世界を創造するために団結することだ。世界中があまり
　に平和であるため、ゴジラが介入する余地はないからだ。ど
　ちらの道を進むかは人間の英知にかかっている。観客はどち
　らが良いのだろうか。ゴジラを神聖な獣と呼んでも決して誇
　張することにはならない。

宝田の言葉は、実際、戦争を超えた何かを創造したことで、誰も、あるいはどの国をも非難するわけではない。争いが地球規模の消滅までエスカレートするのを止めることが世界中の人類への警告なのである。
　偉大な日本映画の批評家であり、理論家であり、そして歴史家でもある佐藤忠男氏は、クライテリオンコレクションのために映画プロデューサーのマーティ・グロス（Marty Gross）が行ったインタビュー[5]の中で次のように言っている。

　　映画を見ると、ゴジラがどのように感じているかを理解する
　ことができる。やつは悪者ではない。やつは、ねぐらを破壊
　されたので怒りで目が覚めたのだった。特に悪いやつでもな
　い。子供でもやつの気持ちがわかるのだ。違う種類の恐怖な
　んだ。

---

5) 2012年の『ゴジラ』映画の付録に掲載されている。

佐藤は、本多が映画を製作し、怪獣のドラマを作っているときに感じた次の彼の内省について深く評価した。

> おかしなことに、こうした映画の中で怪獣に対する観客が同情を感じるという事実は、嬉しい喜びであり、観客が長い間戻って見てくれる何かであると思う。そうしたゴジラへの感情移入は、日本が戦争に負けたと言う事実についての反省ではないのだろうか、と思う。なぜなら一時われわれは怪獣だったのだから。

佐藤は本多について、そして他の制作者の感情の変化について、ゴジラと作り手の真のグローバリズムについて思いめぐらしていた。

> あの怪獣が人間によって追いつめられると、破滅を来すのは驚くことではない。人々はそれを全く感情移入して見ているのだ。想像できないほど恐ろしいことがいつでも起こりうる。日本人だけではなく、これを経験した世界中の誰にも言えることなのだ。

第12節　芹沢博士とオッペンハイマー

それでは、『ゴジラ』に登場する芹沢大助博士の性格を見てみよう。古生物学者の山根恭平博士は、おそらく本多の平和主義を反映する。一方、科学者の芹沢は、酸素の研究の過程で思いもよらずゴジラよりもさらに強力な武器を創ってしまった。映画は、芹

沢博士という登場人物に、人間の想像を超え、エスカレートする戦争と科学、そして自然から生じる破壊的な力を体現したのである。しかも、突然変異が起こると人間が制御できないほどさらに破壊的になるのだ。Tuckerは、*Age of the Gods*の中で、

> 「本多による芹沢博士の扱いは、ゴジラの扱いを反映している。われわれは、最後の最後になるまでほとんどどちらのことも知らない」

と述べている。スティーブ・リーファルとの2017年のインタビューで、ゴジシェフスキーは、本多や脚本家の村田が、どのように芹沢の物語を、映画の物語として展開し、日本国民や世界中の人々の良心に向けたのかということに焦点を当てながら、ゴジラのなかの葛藤の進展について論じていた。ゴジシェフスキーは次のように続ける。

> もし、本多の影響を探すなら、香山滋の原作を見るだけでよい。芹沢という人物と彼が悩むジレンマの外には、基本的には、怪獣が逃亡中といった典型的な物語がある。本多も村田も脚本を執筆する際にそのフレームワークを使い、肉付けし、銀幕でみるものにインパクトや物語の力を与える全ての追加を行ったのだった。

カラットは、クライテリオン版の解説のなかで、芹沢博士とロバート・オッペンハイマーとの類似性について多くの点を指摘している。特に、オッペンハイマーは、芹沢博士が『怪獣王』の英

語の吹き替えで言った「今私が持っている兵器が悪いやつの手に渡ったらどうなるのだろうか」という台詞に似た状況に直面していたことを思い出したのだった。人類は、第二次世界大戦中に原爆をつくり、ドイツのナチスと戦った。ヒットラーが自殺したとき、ドイツとの戦争は終わった。そして原爆を製造する競争は事実上終わった。戦争の武器としてでなければ、原爆のような恐ろしいものを使用する明白な理由はなかった。旧ソ連は、戦争中は同盟国であった。旧ソ連もまた核兵器を開発していようといまいと、広島や長崎の原爆投下の後で二度とそのような武器を爆発させるべきではないという考えだった。

　カラットによると、それでもなお、エドワード・テラー博士は、オッペンハイマーに次のステップを指示した。

> オッペンハイマーは直ちに次の段階、つまり水爆をつくるように命じられた。彼はぞっとした。これはいつ終わるのだろうか。原爆は少なくとも戦争の文脈で展開された。今や戦争は終わったのだ。面白半分に地球最後の日をもたらすことに関与しているのでなければ、なぜ地球を破滅させる兵器を作り続けるのか。

カラットが言うには、オッペンハイマーはその事件後、マンハッタン計画から去ったが、それは職業的な自殺を意味した。なぜなら、オッペンハイマーは共産主義者の同情者の烙印を受け、本来なら、知性と経験によって得たはずの一流の仕事からはずされたからだという。

　芹沢博士も科学者オッペンハイマーも不本意にも恐ろしい科学

兵器を製造してしまった。芹沢博士は、オキシジェン・デストロイヤーの使用をためらいながらも、ゴジラの息の根を止めるために使用し、科学知識が悪者の手に落ちないようにゴジラとともに生命を絶った。オッペンハイマーもナチとの競争で戦争を終わらせるために製造したが、葛藤のなかで、終戦後、科学者としての生命を絶ったのである。しかもオッペンハイマーのそうした行為は次の悲劇を生んだ。カラットの言うには、

> オッペンハイマーと手を結んだA級リストの大部分の科学者も失ったのである。彼らもプロジェクトを離れ、出て行ったのだった。テラーは寄せ集めのあまり順応できない科学者を扱わなければならなかった。彼らの水爆に関する仕事は、激動の番狂わせによって妥協を極め、遅れたのだった。これが、不運をもたらしたのだった。第五福竜丸事件はテラーと彼のチームが世界に自分たちがマーシャル諸島で行っていることを知らせるのを拒んだために起こったのだ。第五福竜丸は、まさに「危険地帯」に向かっていたのである。

Tucker は *Age of the Gods* の中で、「本多の芹沢とゴジラの扱いは、その論理的なクライマックスに匹敵する」と書いている。芹沢とゴジラは、共通点が多かったので並行して紹介され展開されてきた。両者とも戦争の犠牲者である。殺し合うことでお互いの恐怖や苦痛の記憶を相殺することは納得がいく。芹沢という人物は本多の、田中の、村田の苦痛を反映しているのである。姿を変え、形を変え、ここでも芹沢とゴジラは一つの存在、核エネルギーの両極なのである。ゴジラは核兵器によって生まれた核兵器であ

り、破壊力を持つ。芹沢は、ゴジラより恐ろしいオキシジェン・デストロイヤーを生み出し、それでゴジラの止めを打つ。思慮深く、広い意味での犠牲によって、呪縛から解放されるのである。2011年のクライテリオンコレクションのインタビューで、佐藤忠雄はゴジラのミニチュアについて次のように語った。

> それは、心を乱す、予想外の対象であるが、人間とは無関係ではない。人間にとって、全く予想外の対象（存在）は、全く予想外の瞬間に現れる。現在の状況を考えると、ゴジラは、単なる想像上の産物である。人々はこんなことが起こるとは想像できなかったが、それはいつもありえた。災害は国民に、人種の集団にそして全世界にさえふりかかるものだ。

第13節　日本人らしさ――作り手と化け物

なぜ、アメリカで、日本で、そして世界中で、多くの人がゴジラについて知りたがり、ゴジラや怪獣の類い――戦争、破壊、制御不能な力を表す、偉大で巨大な怪物を愛するのか。根本的に望まれる性質があるのだろうか。それは、われわれの人類の力に対する畏怖なのか。無敵なのか。最初の全面的な大怪獣映画全作品の記録 *Japan's favorite Mon-Star* の紹介において、ローランド・エメリッヒのハリウッド映画の『GODZILLA』の公開に先駆けて、リーファルはオリジナルついてこう書いている。

> 直感的にゴジラの魅力は明らかだ。この邪悪なトカゲは、大都会をぺしゃんこにし、まるでそれらが昆虫であるかのよう

> に飛行機を打ち落とし、戦車をたたき、未来のミサイルやレーザー光線をそらし、放射能の息で社会の中心地を焼き尽くす。そのときの理屈抜きのスリルである。一方で人類はそうした猛襲を止めるには無力のままであり、猛襲の意味についても何も知らないのだ。

それが、ゴジラの物語の語られた方であったのか、現在もそのように語られ、将来もそう語り続けられるのか。古典的な映画の制作の仕方なのであろうか。それとも日本の全作品には、海外の観客を観たい気持ちにさせる、特別な「日本らしさ」というものが何かあるのだろうか。戦後日本の「他者」とは、怪獣を貫くことが出来ないような頑強さ、核によって日本で生まれた怪獣の力なのだろうか。その怪獣は、征服しようとするもの全てに対しては日本を代表し立ち向かうが、突然、反逆のシンボルになるのだ。朝鮮戦争やベトナム戦争時には、日本、アメリカ、そして世界諸国に存在する真のそして偽りの愛国主義に対する反逆のシンボルとなるのだ。

　これらの戦争は、兵役が戦時中のみ課されるアメリカ合衆国を含め、多くの国の民が強制的に徴兵された戦争である。黒澤映画だけでなく東宝の大怪獣映画の多くの場面に登場した俳優の土屋嘉男は、カイル・ヤンのインタビューで次のようにはっきりと述べている。

> 東宝のゴジラは手作りである。人々はコンピューターに頼らずにすべてを手作りにしようと懸命に働いた。アメリカ人がそれを最も高く評価した国民だということを知り、非常に驚

いた。

彼は、CGI（コンピューター・グラフィック・インターフェイス）を満載した1998年制作のアメリカ製ゴジラ映画とは対照的に、オリジナルの日本製ゴジラ映画シリーズとその特殊効果の技術をアメリカの観客が理解していたことについて述べていたのである。

　同じインタビューの中で、宝田明はゴジラ映画について次のように述べ、ゴジラ映画制作の匠を強調した。

> 彼らは小さい頃、ゴジラ映画を見たに違いない。成長すると、今度は自分の子供とゴジラ映画を見ただろう。またその子供は自分の子供と見たに違いない。ゴジラは、受け継ぐものなのだ。それが、ゴジラが世界中の人々に愛される理由だ。（中略）私は日本のゴジラには、日本人しか育むことのできない手作りの技術の魅力があると思う。匠という日本の言葉がある。それは、優れた職人を意味する。ゴジラはそうした人々が生み出した作品なのだった。

もちろん、何世代にも渡り、アメリカ人の子供も日本人の子供も、建物を大破し、レーザー光線を放ち、飛行し、都市を押しつぶす怪獣を見て、喜び、そして成長した。1954年には、そうした同じ理由の喜びもあったし、また日本の歴史上特別な時期には異なる理由もあったのである。本質的には、姿を変えるエネルギー、力、怪獣、竜、原子力を体現したものが見境もなく暴れ回ることが理由だ。だが、ゴジラという名の化け物、お化け、竜は、芸術的な技術だけでなく、人間のあらゆる感情、彼らの（日本人の）周り

の世界に関わる全ての人々を見ることによって作られているのである。

カラットは、2012年のクライテリオン版のDVDの解説でこうした感情を要約している。

> 日本では、皆がゴジラに味方する小さな山根博士だった。任務と良心の間の緊張が観客の心にも働いていた。一方で、日本側につき、日本が苦悩するのを悲しむ。もう一方で、愛国心に逆らう自己への忠誠を感じるのだ。つまり、自分の国を攻撃したい気持ちに掻き立てられ、日本政府が愚かな戦争に導いたことに対して声を挙げるのだ。ゴジラ映画は、日本の観客に、攻撃される側の恐怖だけではなく、攻撃する側の役割に身を投じるというカタルシスを起こす経験も与えているのである。日本人の観客は、日本の繁栄と近代化の表向きのシンボルとなるもの、経済的成功の象徴となるもの、そして支配者の建築物を破壊して歓声をあげるのだ。ゴジラによる国会の建物の破壊は特に民衆を煽り立てる瞬間だった。1954年の日本の観客にとっては、この場面は興奮の「おっと、やったな！」を引き出す。そうだ、兄弟よ。権力に対して反旗をひるがえせ。

そして、当時も今も人類がゴジラに負わせたこと、負わせ続けることから学ぶように祈るのだ。

第6章 西欧のためのモンスター? それとも日本のもの?

---- **引用文献** ----

Collin, Robbie. "Gareth Edwards interview: 'I wanted Godzilla to reflect the questions raised by Fukushima'." The Telegraph, 13 May 2014, www.telegraph.co.uk/culture/film/10820543/Gareth-Edwards-interview-I-wanted-Godzilla-to-reflect-the-questions-raised-by-Fukushima.html.

Galvan, Patrick. "The creator of Godzilla is one of the most under-appreciated filmmakers ever." SyFyWire, 6 Nov. 2018, www.syfy.com/syfywire/the-creator-of-godzilla-is-one-of-the-most-under-appreciated-filmmakers-ever.

Gan, Dina, et al., editors. *Eastern Standard Time: A Guide to Asian Influence on American Culture from Astro Boy to Zen Buddhism*. Mariner Books, 1997.

Godziszewski, Ed, and Steve Ryfle. Gojira (DVD commentary). Classic Media/Sony, 2006.

Hemphill, Jim. "DVD Playback: Godzilla (1954)." The American Society of Cinematographers, March 2012, theasc.com/ac_magazine/March2012/DVDPlayback/page2.html.

Kalat, David. *Gojira* (DVD commentary). Criterion Collection, 2012.

Mellen, Joan. *Voices from the Japanese Cinema*. Liveright, 1975.

Murrow, Edward R, interviewer. "A Conversation with J. Robert Oppenheimer." See It Now, CBS Television, 4 Jan. 1955.

Mustachio, Camille D. G., and Jason Barr, editors. *Giant Creatures in Our World: Essays on Kaiju and American Popular Culture*. McFarland, 2017.

Oppenheimer, J. Robert, contributor. "The Decision to Drop the Bomb." NBC White Paper, directed by Fred Freed and Len Giovannitti, NBC, 5 Jan. 1965, www.youtube.com/watch?v=T2W9CxVVMAc.

Oxford English Dictionary. Oxford University Press, 2018.

Pflugfelder, Gregory M. "Monster Culture and Monster Commerce." Growing Up With Godzilla: A Global History, 2015, www.growingupwithgodzilla.org.

Pusateri, Richard. "Ishirō Honda: A Life in Film, from Godzilla to Kurosawa Review." SciFi Japan, 19 Feb. 2018, www.scifijapan.com/articles/2018/02/

19/ishiro-honda-a-life-in-film-from-godzilla-to-kurosawa-review/.

Ryfle, Steve. *Japan's Favorite Mon-Star: The Unauthorized Biography of 'The Big G.'* ECW Press, 1998.

Sato, Tadao, contributor. "Interview with Tadao Sato." Gojira, Criterion Collection, 2012.

Schumacher, Mark. "Four Guardians of the Four Compass Directions: Celestial Emblems of the Chinese Emperor." Japanese Buddhist Statuary, www.onmarkproductions.com/html/ssu-ling.shtml.

"Shan Hai Jing." Chinese Text Project, ctext.org/shan-hai-jing.

Shay, Don, and Jody Duncan. *The Making of Jurassic Park*. Ballantine Books, 1993.

Smith, Richard Harland. "Directed by Ishiro Honda – 6/15." Turner Classic Movies, www.tcm.com/this-month/article/484246%7C487639/Ishirō-Honda-Profile.html.

Suzuki, Eishiro. Kaisekai: Chindankiwa. Seikado, 1908. NDL Digital Collections, dl.ndl.go.jp/info:ndljp/pid/885790

Tsutsui, William. *Godzilla on My Mind: Fifty Years of the King of the Monsters*. Palgrave Macmillan, 2004.

Tucker, Guy Marriner. *Age of the Gods: A History of the Japanese Fantasy Film*. Daikaiju Publishing, 1996.

Yount, Kyle, director. *Hail to the King: 60 Years of Destruction*. Kaijucast Productions, 2015.

ウィリアム・M・ツツイ著,神山京子訳（2005）『ゴジラとアメリカの半世紀』中央公論社

第7章
ゴジラと科学神話

扉絵7 『モスラ対ゴジラ』ポスター
© 1964 TOHO CO., LTD.

池田淑子
Yoshiko Ikeda

第1節　序論

　第1章および前章では、神、化けもの、災害といったアメリカ人の見た「ゴジラ」表象の伝統的な日本人らしさと、原水爆の恐怖・戦争の記憶といった当時のゴジラをめぐる日本人としてのアイデンティティについて論じられた。本章では、そうした議論を踏まえ、初代作品を含む昭和シリーズ10作品を読み直す。

　筆者のゴジラ映画再考のきっかけは、多くの研究者と同様、2011年3月11日の福島第一原子力発電所の事故である。被害の大きさに衝撃を受け、放射能の脅威を目の当たりにした時、広島・長崎の被爆で放射能の恐怖に苛まれてきた日本人が、なぜ原子力発電を受け入れたのだろうか、と多くの国民が疑問に思っただろう。その後、吉岡斉『原子力の社会史―その日本的展開（新版）』（2011）や中日新聞社会部編『日米同盟と原発―隠された核の戦後史』（2013）など原子力発電導入の経緯を探る多くの著書が出版された。また、山本昭宏『核と日本人―ヒロシマ・ゴジラ・フクシマ』（2015）などにおいて国民の核の意識に対するポピュラー・カルチャーの影響も指摘された。初代『ゴジラ』の1954年から原子力発電が次々と導入された1960年代後半までの戦後日本の転換期に、制作・上映された10作品のゴジラ表象を映画物語の中で読み解き、この根源的な問いを探求する糸口を見つけるのが

本章の目的である。

　なぜゴジラ表象を物語の中で分析することによってこの問いを探求することになるかと疑問に思う読者がいるかもしれないので、簡単にこの章のアプローチを説明したい。ゴジラ映画という「物語」には、当時の歴史的・政治的・社会的・文化的な要素が一定の論理的な形式で埋め込まれていると考えている。そこで、ゴジラという核の表象（シンボル）を物語の中で読み解くことで——例えば、ゴジラはどのように描かれ、誰がゴジラを退治するのか、ゴジラと登場人物が住む物語世界はどんな社会なのか、結末はどんな因果関係を暗示しているのかなどを解き明かすことによって——日本人と核エネルギーや科学技術との特定の論理的な関係をあぶり出すことができるのである。また、怪獣の物語のパターンが変化し、他のパターンにとって代わってゆく過程は、象徴を創る側と受容する側の選択によって生き残る、一種の社会的・文化的変容と考え、核怪獣映画を縦断的に読み解くことで、日本人が共有する核をめぐる集団的幻想について歴史的な推論ができると考えるのである。

　東京大空襲、被爆体験、水爆実験、第五福竜丸事件を想起し、太平洋戦争の敵国の代理表象とも言える核怪獣ゴジラは、アメリカの影を引きずりながらも、日本のシンボルとしてアメリカのシンボルとなったキングコングと戦い、次にモスラと戦ったと思えば、それまで戦った怪獣と力を合わせ、地球の救世主のようにキングギドラや宇宙人との戦いに挑む。われわれの味方となりゆくゴジラは、次第に非常に身近な存在へと、時代に合わせ「さながらカメレオンのごとく」姿を変えてきたのである。核怪獣というゴジラ表象が物語の中で登場人物によって体現されるほかの価値

観と相互作用し、どのように変化していくかを見つめ直すことによって、1954年から1960年代後半までの原子力が日本に導入される期間の核兵器や、原子力と科学技術に対する日本人の意識と心情の変化を読み解きたい。

第2節 『ゴジラ』(1954)——絶対的な恐怖の存在

　初代のゴジラはいったい何者なのか。ここでは日本人の視点から考えてみたい。多くの日本人の観客が同情を寄せるゴジラは、はたして日本人の身代り、それとも日本に原爆を投下したアメリカの身代わりなのだろうか。いや、ゴジラは最初から多くの顔をもつ怪獣なのである。

　初代ゴジラは暗闇の中、次々と漁船を襲い、得体のしれない恐怖感を募らせる。そして嵐の夜、マグロ漁船の生き残りの目撃者が住む大戸島を襲う。噂が先行し、ゴジラはなかなか画面に姿を現さない。台風のような嵐とともに島を襲うシーンにおいても、島の自然や家屋が壊される一連の暗い画面の中に足跡のショットがあるのみで、家屋を壊された少年がゴジラの出現の証言をするだけだ。嵐の比喩や神社の境内で儀式とともに語られる大戸島の伝説は、ゴジラが天から降りかかった災害、まるで自然を操る神のような、人間の手では制御できない、絶対的な恐怖の存在として姿を表すのである。また一方で、古生物学者山根博士を長とする調査隊によって、伝説のゴジラの正体が「水爆実験によって現れたジュラ紀の恐竜」として、恐竜が姿を変えた「化け物」であるということが科学的に示される。つまり、ゴジラには、超自然的な存在と科学的な存在が共存していると言える。

原水爆の不安は被爆の記憶の想起によって構築される。ピカッと光を浴び、漁船がゴジラに襲われる事件、調査隊が用いるガイガーカウンター、水爆マグロを否定する魚屋の張り紙、漁業関係者による政府への陳情などの一連のショットは、1954年の第五福竜丸事件とその余波を表す。しかも大抵ゴジラは、暗闇の中、東京湾から突如現れ、街を襲い、その破壊行為によって炎上する街の風景は、東京大空襲の記憶を次々と観客に想起させる。そして、路上にいる人々を一瞬のうちに消滅させる恐ろしい威力の火炎放射は、パトカーを焼き、戦車を撃退し、鉄塔をも簡単に溶かしてしまう。この火炎放射はまさしく原爆の力を表す。防衛隊の戦闘機が好戦し、一度はゴジラを追い払うが、再び現れると、ゴジラは銀座の時計台、テレビ塔などそびえ立つ建物を次々と破壊し、炎上させる。誰も何もゴジラを食い止めることができない。テレビ塔を襲うゴジラの頭部を、テレビ塔の中にいるアナウンサーの視点から見たショットは、頭部だけがクローズアップされ、空にきのこ雲が浮かんだように見える。丸みを帯びた鳥かごと背後で炎上する建物とを重ね合わせたショットや、焼き尽くされてビルの骨格だけが残った建物のショットは、幾度となく原爆ドームを連想させ、その恐怖を再現する。そうした被爆の記憶によって、想起される核に対する不安を山根博士の娘恵美子の恋人の尾形が次のように言語化する。

「しかし、先生、だからといってあの凶暴な怪獣をあのまま放っておくわけにはいきません。ゴジラこそ、われわれ日本人の上に今なお覆いかぶさっている水爆そのものではありませんか」

つまり、ゴジラは、破壊力において、一瞬で国を焦土と化し、アポカリプスをもたらす核爆弾なのである。その脅威は、なかなか姿を表さない、50メートルの巨大な怪獣の姿に凝縮されていると言えるだろう。また、第1章で指摘されたように、ゴジラが東京大空襲時に、アメリカの空軍が取ったのと同じ南洋諸島からのコースを取ったことも考慮すれば、アメリカの代理表象とも言えるだろう。ゴジラの着ぐるみは、アメリカをカモフラージュし、占領終了後も存続した、当時の日本の映画業界の自己検閲をも逃れることを可能にしたのだ。

また、被爆し、恐竜からデフォルメしたゴジラは、日本人の代理表象でもあり、南洋諸島からゴジラが取ったコースを考えれば、南洋諸島で勇敢に闘い、無惨にも散った日本人青年の「英霊」、つまり「化身」と後になって言われるのも不思議ではない。今日では迷信と片付けられるかもしれないが、浮かばれない魂が戻って来たとも思われるからである。要するに、初代ゴジラは、自然災害を操る神のように、制御不可能な超自然的な存在であるとともに、恐竜が被爆し突然変異した科学的にも存在が示される怪獣である。また、一瞬のうちに世界の終末をもたらしかねない恐ろしい核兵器であり、したがってそれを用いた側のアメリカの代理表象である一方で、被爆した側の日本の代理表象でもあり、そうしたさまざまな複雑な要素が吹き込まれた多くの顔をもつ「化け物」と言えるだろう。

それでは、ゴジラは誰によって退治されたのだろうか。ゴジラはオキシジェン・デストロイヤーと呼ばれる、まだ開発途上の、酸素の破壊的なエネルギーを用いた武器によって、それを開発した芹沢博士によって葬られる。その芹沢博士とは、どんな人物だ

ろうか。彼は右目を戦争で負傷し、その眼帯は彼の戦争の傷跡を表す。地下室で奇妙なガラス製の機器に囲まれ、一心に研究に没頭する芹沢博士は、第1章で指摘されたように、正しくアメリカのサイエンス・フィクション映画に登場する「マッド・サイエンティスト」（狂気の科学者）というステレオタイプであると言えるだろう（第1章図1-3参照）。さらに、日本版の芹沢博士は、前章で論じられたように、マンハッタン・プロジェクトで原爆の開発に成功、戦争が終結したにもかかわらずその後も水爆実験の開発を命ぜられたため、自ら科学者の立場を抹消したオッペンハイマーと通じるという見方もある。しかも、芹沢博士は科学技術に対して非常に悲観的な見解を持つ。何よりも彼は科学技術自体の恐ろしさを認識しているのである。彼は元恋人の恵美子に自分の研究について話した時、「命がけの研究」だと言い、このオキシジェン・デストロイヤーの巨大なエネルギーを発見した時には、「2、3日食事も喉に通らなかった」と告白している。芹沢博士を通して映画は、戦争と科学技術が結びつく恐怖と為政者の邪悪、そしてさらにそうした事態に直面した時の人間の弱さを暴露する。彼の独特の悲観的な見方は、『ゴジラ』の前身であるアメリカ映画、1953年製作の『原子怪獣現る』で科学者トムが何の躊躇もなく新しい核兵器を用いて怪獣を退治し、恋人と抱き合い、ハッピーエンドで終わるラストシーンに見られるような、科学に対する極めて楽観的な見方と比較するとなおさら際立つのである。

　芹沢博士は、山根博士の娘恵美子の元婚約者であり、なお彼女を愛しているが、その彼女と彼女の現在の恋人である尾形（図7-1）に自身の研究成果を使ってゴジラを撃退してほしいと頼まれると強く拒否し、次のように反論する。

図7-1　恵美子と尾形
『ゴジラ』© 1954 TOHO CO., LTD.

「もしもいったんオキシジェン・デストロイヤーを使用したら、原爆対原爆、水爆対水爆、その上さらにこの新しい恐怖の武器を人類の上に加えることになる。それは科学者として、一個の人間として許されるはずがないだろう」

　彼は、水爆を作り出した科学技術、それを悪用する為政者を厳しく批判する。しかし、廃墟と化した街や負傷者が運ばれる様子や乙女たちが平和と復興を祈り合唱する姿をテレビで見て、ついにゴジラを抹殺する決意をする。そうして尾形と一緒に東京湾の海に潜り、オキシジェン・デストロイヤーを自分の手で使用しゴジラの最後を見届けると、研究の機密を守るため、自ら命を絶つ。つまり、映画は、水爆怪獣ゴジラの襲撃・破壊を通して、観客に過去の原爆や戦争に対する恐怖、現在の水爆に対する不安、それ

らを生んだ科学技術の未来に対する不安の気持ちを引き起こし、疑問を投げかける。それは、人々の心の中にしまい込んでいた戦争の記憶を蘇らせることによって行われ、科学を扱う芹沢博士の命を犠牲にすることによって、水爆の使用に対する厳しい批判を行う。

しかしながら、自己の信念を曲げ、最終的に自己を葬る彼の行動は、科学のネガティブな要素を認識しながらも科学を進化させる道を選んだ新生日本を裏書きするとも言えるだろう。この論理的な関係は、ゴジラ退治の伏線にある芹沢博士、恵美子、尾形の三角関係を考察すると明らかになる。戦争を引きずり、地下室の研究室にこもる芹沢博士とは対照的に、尾形は、明朗で活発な人間に描かれている。恵美子とのことを恵美子の父や芹沢博士に真正面から話そうとする誠実な人柄である。また、芹沢博士と一緒にゴジラを退治するために潜ることを進んで申し出る、勇気ある正義漢としても描かれる（図7-1）。ゴジラによる目前の被害を考え、恵美子から芹沢博士の秘密の研究のことを聞くと、使用するようにすぐ頼みに行くという現実的で行動力のある男性なのである。結局、恵美子はその尾形を選び、芹沢はこの世を去る。

このエピソードが具体的に何を示唆しているのか、当時の日本の文脈においてさらに考察を進めたい。戦後の世界における原子力の軍事利用は、世界では米ソ対立の中、互いの情報を秘密にしながら、どんどん進められていった。1947年2月の極東委員会では、日本の原子力研究が一旦禁止されるが、世界では軍事利用と並行して、放射性元素などの原子力の平和利用が唱えられ、その情報が日本にどんどん入り始めた。日本でも医学者や物理学者たちがその平和利用を唱えるようになっていたのである。1953年の

アイゼンハワー大統領による原子力の平和利用について演説を機に、世界でそして日本においても原子力の平和利用に対する期待が、特に電力での分野において膨らんだのは周知の事実である。日本においても1954年に原子力委員会の前身が設置され、その導入が進んでいた。そんな折、第五福竜丸事件が起こり、日本国民は被爆の記憶と原子力の平和利用の狭間で揺れていたのである。1954年は日本においても原子力に関する転換期であった。

　この状況を照らし合わせて物語を見直すと、科学技術そのものの恐怖とその軍事利用を危惧した芹沢博士ではなく、現実的で未完成の科学技術オキシジェン・デストロイヤーをゴジラという目前の危機を乗り切るために1回だけ使用するといった尾形を選択した恵美子の選択は、新たなる科学技術、つまり平和利用の選択を反映（暗示）しているように考えられるのである。この恋愛の伏線のプロットは、実は、過去の日本、つまり被爆という核のネガティブな部分を象徴的に葬り、苦渋に満ちていながらも、原子力の平和利用という新しい時代の選択を示唆しているように思われる。芹沢博士が死に、彼に対して、船上の全員が敬礼をする最後の場面は、戦争や被爆の過去の記憶といった古い日本の姿への決別を示唆しているとも言えるだろう。

第3節　『ゴジラの逆襲』（1955）——アメリカの影と冷戦

　第2作目の『ゴジラの逆襲』で、ゴジラは再び漁船を襲う。今度はゴジラだけではない。好戦的な肉食の第二の水爆怪獣アンギラス（図7-2）も出現するのだ。アンギラスもゴジラと同様、地質時代の恐竜アンキロサウルスが水爆実験によって眠りを覚まさ

図7-2　ゴジラとアンギラス
『ゴジラの逆襲』© 1955 TOHO CO., LTD.

れ、誕生した。性格は非常に凶暴で、他種の生物に対しては激しい憎悪を抱くと説明される。ゴジラは再び夜に出現し、大阪城を破壊し、アンギラスと闘い、倒す。今度は大阪湾岸の工場地帯を破壊する。夜に工場地帯が燃える光景は、大阪の大空襲を想起する。山根博士は、ゴジラ対策を聞かれると「無為無策で打つ手がない。武器と知能を結集しても阻むことができなかった。皆さん一緒に考えましょう」と言い、「オキシジェン・デストロイヤーは芹沢博士とともに今はなく絶望的である。今回は第2のゴジラだけでなく、アンギラス。原水爆以上の脅威の下にある」と嘆く。怪獣が手に負えない制御不可能であるだけでなく、2頭出現し、状況はさらに深刻なのだ。これは米ソで水爆実験を繰り返す冷戦の当時の状況を暗示する。また、山根博士は、「水爆実験の記憶によって光に対して激怒するゴジラの不思議な習性を利用しよう」とも言い、ゴジラが水爆怪獣であることを再確認するとともに科

第 7 章　ゴジラと科学神話

図 7-3　雪崩に飲み込まれるゴジラ
『ゴジラの逆襲』© 1955 TOHO CO., LTD.

学的に説明しうる存在であることも強調する。ゴジラは引き続き恐怖の存在であり、大阪での急襲・破壊行為は、逃げ惑う民衆の様子を再現し、戦争を想起させるとともに、太平洋戦争での敵国で、その後も水爆実験を繰り返す冷戦下のアメリカの影を引きずっていると言える。なぜなら、今度ゴジラを退治するのは、科学者ではなく、漁業会社の飛行艇と防衛隊の飛行艦隊が一緒になった日の丸の記された飛行艇だからだ。日の丸飛行艇（図 7-3 右上）が氷山に体当たりし「神子島」に雪崩を起こし、ゴジラを氷の中に閉じ込める（図 7-3）。危険を顧みずゴジラに向かって飛んでゆくパイロットの勇姿は、前作よりもいっそう特攻隊を思い出させる。第 3 章で紹介したコミカルなアメリカ版とは正反対に、日本版の『ゴジラの逆襲』は、前作と同様、勇敢にゴジラに立ち向かう一人

の日本人男性が犠牲となり、ゴジラは退治される。悲劇の出来事の後、戦後直後のように焦土となった国土を復興しようとする大阪の中小企業の社員の決意が美しく描かれ、戦争の傷跡が色濃く描かれている。

第4節 『キングコング対ゴジラ』（1962）
──科学からビジネスへ

　ところが第3作目からゴジラ映画はガラッと変わり、第5章で論じられるように、子供向けの娯楽映画の色彩が非常に強い作品となる。当然、ゴジラ表象もその破壊の対象も第1・第2作目とは非常に異なってくる。国連の調査船の原子力潜水艦シーホーク号の原子力燃料を襲い、北極の氷山から現れるゴジラは、戦車に火炎放射を浴びせ撃退し、自衛隊の作戦では食い止めることが出来ない強大な怪獣ではあるが、それほど絶対的な恐怖の存在ではない。第1作目で使用された自然災害や「神」的存在としての隠喩はなく、第2作目では戦争の傷跡ともに「神子島」の名前で「神」の隠喩を引き継ぎはしたが、本作では富士山でのゴジラとキングコングとの戦いに、神社の鳥居のみが現れるだけで、戦争の記憶を想起するような都市や街を大破壊するシーンもない。戦う相手はキングコング、それも昼間の戦いである。ゴジラは、石を足で蹴り、胸を叩き、キングコングをやっつけると両手を叩き喜びを表現する。あるいは飛び跳ねるような人間のしぐさをする愛嬌のある身近な存在なのである。本作ではゴジラは都会には現れず、街を破壊しない。あくまでもゴジラの暴力の対象は、キングコングなのだ。このキングコングは、アメリカ映画『キングコン

グ』(1933)の性格を引き継ぎ、美女に関心を示し、高く象徴的な場所、国会議事堂(アメリカ映画のオリジナルではエンパイア・ステートビルディングだが)に登る強い怪獣として描写されるが、ゴジラを投げ飛ばすと胸を叩いて喜ぶ、ゴジラと同様、人間のしぐさを付与された愛嬌のある生き物なのである。そして日米決戦という宣伝文句[1]に現れるように、アメリカを代表するキングコングに対して、ここでは、明らかに日本の代理表象としての役割が全面に押し出される。そして作品は日米で同時に上映されるわけだが、両者の決戦結果は、アメリカ版では、キングコングの劣勢を表すようなシーン(図7-4)はカットされ、アメリカに軍配があったと明言しているのに対して、日本版では、曖昧な「引き分け」のまま物語は終結する。熱海城を両者ではさみ、破壊したあと揉み合って海に落下し、キングコングは逃げるように自分の島へ帰っていくが、ゴジラは沈んだまま現れないのだ。

　物語世界において、第3作が第1作・第2作と大きく異なる点は、「科学」への関心の喪失である。ゴジラと戦うのは、科学者や科学者の知識を借りた人間ではなく、キングコングなのである。博士が、ゴジラは帰巣本能により、日本に戻ってくるなどと解説を行うが、キングコングを誘致するのは、自社の宣伝のためにキングコングを利用しようと目論んだパシフィック製薬なのである。特筆すべきは、その製薬会社で問題となった人気のないコマーシャルの番組名が「科学の脅威シリーズ」という点だ。会社の宣伝の

---

[1] 1962年4月12日付の朝日新聞の夕刊は、「対決する日米の怪獣—東宝の記念映画『キングコング対ゴジラ』という題でこの映画を取り上げ、「両者とも日本、アメリカの体面にかけても負けられないし、どちらかが死んでも続編が作れない」と両者の勝敗を決定する難しさを表している。

図 7-4　劣勢となるキングコング
『キングコング対ゴジラ』© 1962 TOHO CO., LTD.

ために死にもの狂い（？）で南の島へ旅する二人の社員の可笑しな奮闘ぶりも、人々の関心が戦争や核兵器の脅威や政治よりも経済やビジネスに向いていることを示している。さらに、キングコングを空から運ぶのに使用された「銅のように強く絹糸よりしなやかな糸」は、「原子力時代の繊維」と呼ばれているのも重要な点である。

また、アメリカとの関係性で日本人のアイデンティティをめぐる興味深い点も見られる。キングコングを探しに行った南の島ファロ島で、パシフィック製薬の二人が、島民に受け入れてもらおうとトランジスター・ラジオとタバコを差し出すシーン（図7-5）である。これは、まさに進駐軍と出会った戦後の日本人の体験を

第 7 章　ゴジラと科学神話

図 7-5　ファロ島でのパシフィック製薬の二人
『キングコング対ゴジラ』© 1962 TOHO CO., LTD.

想起させる。南洋諸島の人々の描写に関しては、現在では映画の最後に「不適切な表現」と断りをつけるように、黒塗りをした日本人の役者が、上半身裸で変な英語を現地語であるかのように話し、非常にコミカルに島民を描写し、差別意識を帯びた表現が用いられているのである。島民をあたかも原始人かのように描写し、それと対照的に文明人としての日本人が描かれるわけだが、それがアメリカの進駐軍のふるまいを借りた表現なのだ。戦時中は、南洋諸島を日本が占領していたわけであるが、物語世界では、日本の国境の外として設定し、自分たちを切り離し、自分たちの方が文明において彼らよりも進歩していると暗示するのである[2]。第3章で、アメリカ版においては、南洋諸島が日本の国土として設

---

2) 日本人のアメリカ化とその批判については拙著『映画に見る日米相互イメージの変容』(2014) に詳細を述べているので参照されたい。

定されており、アメリカ人が日本人よりも文明が進んでおり、日本人に対して優位に描いていることは述べたが、非常に興味深いのは、それを現在のアメリカ人がさらにどのように受容したかが次の第8章で議論されている。

第5節　負の遺産と平和利用——科学に夢を抱く

『**モスラ対ゴジラ**』（**1964**）では、映画のタイトルが示すように、無名の新怪獣モスラが脚光を浴び、ゴジラを主役の座から引きずり下ろす。モスラは本作以前も以降も、ゴジラを退治した唯一の怪獣となる。それが一体何を意味するか、両怪獣の表象を比較し、考察したい。

　まずモスラから始めよう。モスラの巨大な卵がインファント島から嵐で流され、静岡県の静之浦に漂着する。卵を調査した三浦博士は、卵の正体は不明だが、学術的な意味で貴重な「希望の光」だと言う。ハッピー興業社社長と政界の黒幕である虎山は、「金の卵」と考え、「東洋一の娯楽センター」の建設に利用しようと金儲けの手段と考える。卵を探しに二人の小美人(しょうびじん)が現れる。この卵は、原水爆実験が行われた受難の島、インファント島のかけがえのない「希望」であるから返してほしいと卵について報道する新聞記者たちに頼む。島の人々は平和を愛し、平和を祈り、理想を実現するために努力しているという。

　一方、ゴジラは、突如干拓地に現れ、民衆、家屋、村を襲い、四日市コンビナートを破壊し、テレビ塔を倒す。警察隊は二つの作戦を計画し、まず空き地に穴を掘り、ゴジラを穴埋めにしようするが失敗し、さらに2000～3000万Vの電圧の特殊帯電ネット

で人工放電攻撃を行うが、やはりゴジラを食い止めることはできない。

　物語のあらすじは、モスラの卵とゴジラ事件を取材する新聞記者のコンビと三浦博士がインファント島に行き、モスラにゴジラ退治を依頼する。島民とモスラは彼らの説得に応じ、モスラは残り少ない命をかけてゴジラと戦うが、もう少しのところで命が絶える。卵からふ化したモスラが最終的にゴジラを退治するというものである。

　このように、モスラとゴジラは両方とも被爆から出現した怪獣だが、その役割は、正反対で光と影である。『ゴジラ』の節で述べたように、戦後日本の1950年代後半以降、原子力の平和利用がメディアで度々取り上げられるようになった。当時の状況に照らし合わせると、建物を破壊し、人々を襲う悪玉ゴジラは原子力の軍事利用を象徴し、平和を祈り、理想を実現する努力をするインファント島の善玉モスラは、原子力の平和利用を象徴すると言えるだろう。

　当時の状況と物語内容をさらに詳細に見ると、両者の対比が当時の日本の地政学的文脈を正確に反映していることが見て取れる。1955年5月9日のアメリカの科学者とゼネラル・ダイナミクスのCEO等からなる原子力使節団の来日報道をはじめとし、読売新聞は、この使節団のシンポジウムを開催するなどして、原子力のキャンペーンを大々的に行った。翌年1月1日には「原子力の平和の夢」と題し、座談会を開き、また、オーナー松力正太郎が原子力委員長に就任し、積極的に原子力を推進したのは歴史的事実である。1956年に政府は、原子炉第一号を東海村に建設することを計画し、1965年にこの原子炉が稼働を開始したのである。

図 7-6　ブルーとイエローが混じったモスラの卵
『モスラ対ゴジラ』© 1964 TOHO CO., LTD.

　映画のオープニングで、女性の新聞記者が嵐の後に海辺で輝く物体を発見し、それを社会の「光」だと話す場面は、次の場面のモスラの巨大な卵の出現を予示するものであるが、特筆すべきは、モスラの卵の色がブルーとイエローの、チェレンコフ光とイエローケーキの色である点である（図 7-6）。チェレンコフ光とは、高エネルギーの荷電分子が水などの透明な物質を通過し、安定状態に戻ると放出される青白い可視光線で「使用済核燃料の貯蔵プールやプール型原子炉の炉心など非常に強い放射線を出す物質の周囲で見られるもの」[3] である。また「イエローケーキ（ウラン精鉱）」[4]とは、ウラン鉱石を精製練した一般に黄色の粉末の製品のことで

---

3)「チェレンコフ効果」原子力百科事典 ATOMICA　http://www.rist.or.jp/atomica/index.html 参照。
4)「イエローケーキ」同 3)、原子力百科事典 ATOMICA 参照。

ある。

　さらに、科学者とともにこの「希望の光」である卵を助け、インファント島の小美人や島民たちを仲介し、物語の主役として役割を担っていくのが、新聞記者であるというのも偶然だとは思えない。受難の島インファント島は、長崎・広島の被爆の記憶を示しているのは明らかであり、モスラとゴジラの激しい闘いは、原子力の平和利用という未来への期待と核の軍事利用という負の遺産ともいえる核をめぐる恐怖と不安の間で、葛藤し、揺れている当時の国民の心情を表現しているとも考えられるのである。つまり、インファント島のモスラがゴジラより強いということは、その期待が不安よりも大きいことを示し、モスラの勝利は、原子力の平和利用という国民の強い覚悟と意志を示しているとも言えるかもしれない（もちろんこうした分析は、映画の作り手の考えを読み解くものであり、当時の状況を反映しているとは言えないと思われるかもしれないが、筆者は表象の意味は、作り手と受け手の間で相互作用し、創られていくものであり、作品がヒットしたという事実は作者の意図がある程度見る側に受け入れられたものだと考えている）。こうした国民の原子力の平和利用に対する大いなる期待は次の作品を続けてみるといっそう明らかになる。

　ただし、次作に入る前に、ここでもう1点、前作と比較すると大きな違いがある。『キングコング対ゴジラ』で描かれる南の島ファロ島と『モスラ対ゴジラ』のインファント島の島民の描写の比較である。同じ南洋諸島の設定ではあるが、前者では、南の島の島民を上半身裸の服装や言語など揶揄した差別的な描写を行い、あたかも日本人が彼らより進んだ文明の人間であることを肯定し、日本人の優位性を強調するかのように描いていた。しかしながら、

205

後者では、登場するインファント島の島民は、被爆経験を持ち、平和を愛し、日々努力する人々と描き、欲深くモスラの卵や小美人を利用して金儲けを企む資本主義的な興行主たちとは対照的に、まるで日本人の理想の姿であるかのような面が投射され、そうした資本主義的な日本人を批判するかのように機能しているのである。

『三大怪獣　地球最大の決戦』（1964）においても小美人とインファント島の島民は、醜く資本主義的で利己主義と不信が浸透する社会とは対照的に、平和を愛し、平和のために努力する、信頼に基づく理想的な社会として、そしてモスラが彼らの「希望」として描かれている。あらすじは、モスラの仲介でゴジラとラドンと力を合わせ、三大怪獣が宇宙怪獣キングギドラと戦う話である。物語世界は冬に日本脳炎が流行、高気温による被害が広がる異常気象に見舞われるといった現代に通ずる地球温暖化の話だ。また、宇宙円盤クラブにより宇宙人と交信しようと集会が開かれる。そして「20世紀の神話シリーズ」のために取材に駆け回る記者が、前作と同様、物語の重要な進行役となる。

　ゴジラが横浜港に現れ、船を襲い、横浜の街を破壊する。ゴジラが空を見上げると、ラドンが飛んで来てゴジラはラドンと戦う。そこへ黒部渓谷に落下した隕石から宇宙怪獣キングギドラが出現する。防衛大臣は、「核兵器は使えない」と断言し、核兵器の軍事利用を強く否定するが、どの怪獣とて退治する方法はない、人事を尽くして天命を待つしかないと言う。しかし、小美人たちは一つだけ「希望」があると言い、ゴジラ、ラドンがモスラと力を合わせれば勝てるかもしれないと示唆する。結局三大怪獣が力を合わせ、キングギドラを退治するのである。

第 7 章　ゴジラと科学神話

　前作と同様モスラの存在は、人々の「夢」であり「希望」として描かれる。自宅のテレビでモスラの小美人が幸せを招くために島に行こうという歌（図7-7）を聞き、言葉を交わす兄妹の会話に注目したい。
　このモスラの歌をテレビで聴いた新聞記者の妹が、刑事の兄にモスラに言及するかのように次のように言う。「お兄ちゃん。夢を持たなくちゃだんだん目つきが悪くなってくるわよ」（図7-8）まるでモスラと島民が「国民の夢」であるかのように言及するのである。ゴジラを核の軍事利用の代理表象、モスラを原子力の平和利用の代理表象と考えると、当時の人々が過去の負の遺産よりも、国民の希望の光として原子力に対して夢を抱き、期待が大きい点が明らかになる。過去の大戦よりも経済やビジネスに、そしてそれを支える原子力に希望を見い出し、原子力時代にさらには宇宙時代に日本の将来を重ね合わせ、夢見ているように思われるのである。
　一方、ゴジラの存在感は非常に小さい。ゴジラはラドンとの戦いでは、恐怖の存在どころか、『キングコング対ゴジラ』の時のように、石を投げ、岩をキャッチボールし、ヘディングをし、まるで人間にとって身近なもの、人間を助け、人間に平和と幸福をもたらす存在へと変容している。
　第1作・第2作のゴジラは核エネルギーの恐怖を再現し、その使用に警鐘を鳴らす荒神のような存在から、第3作・第4作・第5作と、次第に人類を救うことに専念する味方に変容していくのである。

図 7-7 モスラの歌を歌う小美人（中央）

『三大怪獣 地球最大の決戦』© 1964 TOHO CO., LTD.

図 7-8 小美人の歌を聞く家族

『三大怪獣 地球最大の決戦』© 1964 TOHO CO., LTD.

第7章　ゴジラと科学神話

第6節　ゴジラの制御と宇宙
──アメリカとともに科学技術を

『怪獣大戦争』（1965）では宇宙時代の幕開けとなる。物語の冒頭のシーンではアメリカ人の宇宙飛行士と一緒に日本人の宇宙飛行士がX星への宇宙探検にロケットで出発する。ゴジラの暴力行為も人間に対する破壊行為から次第に怪獣との戦いに焦点が移ってくる。ここでもゴジラはラドンと力を合わせキングギドラと戦うが、ゴジラの存在と役割の変化が顕著となる。

これまでのゴジラとの決定的な違いは、このゴジラがX星人の電磁波によって操作可能であるという点である（図7-9）。つま

図7-9　X星人に連れ去られるゴジラとキングギドラ

『怪獣大戦争』© 1965 TOHO CO., LTD.

り、ゴジラが代理表象する核エネルギーを人間が自由自在に操れることを暗示する。このゴジラは、「シェー」のポーズで広く知られているが、大きな岩を拾って投げ、キングギドラを攻撃し、ノックアウトすると両手を叩いて人間のように喜びを表現し、恐怖を感じさせないのである。人間の味方になり、人間に危害を加えない。原爆や科学技術そのものに対する恐怖、および科学技術が戦争に悪用されるといった不安がどんどん薄れてきていると言えるだろう。

第7節　人間の味方
——科学の自然制御と科学者のモラル

『ゴジラ・エビラ・モスラ　南海の大決闘』（1966）では、ゴジラは、四人組の人間に雷を落とされ、眠りから覚まされる。四人組は核爆弾を製造し、武装した秘密結社から逃れようとゴジラを目覚めさせる。ゴジラは、昼間に現れ、エビラを退治し、両手を上げ気勢を上げるかと思うと、キングコングのように、島の娘ダヨを不思議そうに見つめる。そして最後に彼女と四人組を危機から救うのだ。ゴジラが戦う相手は、エビラ、大コンドル、そして赤い竹の核爆弾を製造する秘密結社である[5]。本作でゴジラは、精悍な音楽ではなく軽快な音楽に乗って現れる。

科学者の存在も小さい。この物語の科学者は秘密結社の言いなりになっている。モスラは、島の爆発寸前に人間を救う役で登場する。ゴジラが島の核自爆装置でやられそうになるのを見ると、

5）第1章の政治的な意味合い、「竹のカーテン」であることを考えれば、今度は旧ソ連だけでなく、中国共産党への言及とも言えるだろう。

人間たちはこう言う。

> 「ゴジラはかわいそうですね。悪気があったわけではない。かえって私たちの味方になった。(ゴジラ) 逃げろ！」

島が爆発するのを見ると、

> 「これであの島は地図から消えた。でも原子力の火は消えない。これからは使う人間の良心の問題だ」

最後に唐突に科学者の良心を喚起する程度なのである。
『海獣島の決戦―ゴジラの息子』（1967）でも、ゴジラは人間にはほとんど危害を加えない。息子を虐めるカマキラスやクモンガと戦い、プロレスのようにやっつける。さらに、ゴジラは尻尾の後ろに息子を乗せ、息子に火炎放射の仕方も教える。息子は、石を蹴って遊んだり、ゴジラの尻尾で遊んだり、ずっこけたりして可愛く描写される。

　一方科学者は、再び存在が少し大きくなる。彼らは、自然さえもコントロールしようとするのだ。ゴジラの住むゾルゲル島でシャーベット実験を行う。シャーベット実験とは、気象をコントロールする実験で、博士はこの実験に人類の将来がかかっていると話す。気温をコントロールし、食糧不足に備えて、砂漠を食料のための農地に変えようとしているのだ。しかしながら、この実験を秘密にしており、博士は、悪用すれば地球を凍結することもでき、結果、核兵器と同じになる、と再び科学の悪用に警鐘を鳴らす。

実験施設がクモンガたちに襲われ、それを封じるために博士たちは、凍結で怪獣たちの動きを止めようとし、「氷が解けたらあのゴジラの親子もあの島で仲良く生活するんだ」とゴジラの生活に思いを馳せる。
　この物語では博士は厳格で粘り強く、他の科学者も皆勤勉に描かれている。科学は人間の幸福のためにあり、幸福に導くのだと映画は帰結している。つまり、そういった科学神話を提供しているとも言えるだろう。これを機に、同時に人間は科学を用いて自然界をコントロールし、ますます支配しようとするのである。

第 8 節　飼育動物──自然支配と科学万能説

　『怪獣総進撃』（1968） では、科学技術は宇宙に乗り出し、硫黄島から毎日月へロケットが発射される。レーザー砲つきの大型戦闘機 SX03 は、怪獣と互角に戦えるほど威力を持ち、怪獣を完全に飼いならすほど進歩している様子が描かれる。なぜなら、ゴジラ、ラドン、アンギラス、モスラ、ゴロザウラスなどの怪獣は小笠原諸島の陸上怪獣ランドで動物園の「動物」のように飼育され、研究されているからである。それぞれの怪獣の本能と習性に応じ科学的な壁が設けられ、管制装置が働く。怪獣の食物もそこで栽培・養殖されている。怪獣たちはコントロールセンターで自動的に管理されており、ゴジラも人間の飼育動物に成り下がっているのである。怪獣ランドで働く恋人に対して宇宙飛行士は、「僕は（君よりも）君に世話されるゴジラ君のことを心配している」と電話で述べている。それは科学と人間（日本人）の地位が入れ替わっていることを示すと考えられる。

キアラク星人(第8章図8-3)に怪獣操縦機を奪われ、ゴジラたち怪獣は地球で暴れ出す。キングギドラも操作され、出現する。宇宙飛行士たちがSX03号でキアラク星人を退治すると、ゴジラたちは本能で戦い、キングギドラを追い払うが、闘いが終わると、人類は怪獣のコントロールを再開し、怪獣は怪獣ランドに戻っていく。こうして人間は気象だけでなく、ゴジラなどの怪獣もコントロールできるようになり、人間の存在観と力が大きくなり、優っていることを表現しているのである。宇宙においても大型戦闘機においてもそしてレーザー光線にしても科学技術の革新的な進歩を見せつけ、科学技術に対する絶対的な自信と自負が見られるのだ。核エネルギーは、完全に制御され、ゴジラの恐怖を体現するものはなくなり、ゴジラは単なる飼いならされた動物となり、戦闘本能といった動物の本能を示すだけとなる。

第9節 玩具と非現実性――科学技術と経済と環境

『**ゴジラ・ミニラ・ガバラ　オール怪獣大進撃**』(1969)では、ついにゴジラは子供のおもちゃ、遊び相手に成り下がる。鍵っ子の主人公は、両親が帰るまでの間、ちびっ子コンピューターで遊び、ゴジラ、ミニラなどの怪獣の夢を見る。物語はその夢の中へ。少年は、夢の中で、ミニラと友達になり、カマキラスにいじめられても必死に戦おうとするミニラの姿を見て、励まされ自分もいじめっ子ガバラと逃げないで向き合おうとする。つまり、ゴジラは子供のおもちゃとして遊び相手と同じ地位になってしまう。映画のオープニングシーンは、この子供の住む町の風景で始まるが、工場の煙突から煙が立ち、車の排気ガスがひどく、大気汚染が広

がっている様子が描かれる。子供の声の浪花節は次のように歌う。「怪獣様、どうして地球は住みにくい。ゴジラも驚いた。これが本当の怪獣だ」。物語世界で深刻で脅威なのは、怪獣や水爆ではなく、公害になってゆくのである。次作『ゴジラ対ヘドラ』では、ゴジラは公害を退治することになる。

第10節　ゴジラ映画と科学神話
　　　　──なぜ、原子力発電を受け入れたのか？

　1954年から約15年間に、ゴジラ表象はどのように変容し、それが日本人の核エネルギーや科学技術をめぐる意識や心情のどのような変容を表しているのだろうか。アメリカの身代わりとして核の恐怖を体現したゴジラは、自然の脅威を示す天災、またそれをもたらす神であるかのように描かれ、人間には制御不可能なものと表象された。同時に、水爆実験で突然変異した「化け物」として科学的にも示された。そうした多義的な孤高の存在から、身近な味方へと次第に単純な存在に変容する。核の軍事利用という核エネルギーの負の面を示すゴジラは、国民に希望を与える原子力エネルギーという正の面を象徴するモスラとの闘いに負けると、主役の地位を譲り、核の平和利用のいわば影となり、どんどん存在感を失ってゆく。

　こうしたゴジラの地位の低下とは対照的に、科学技術は目覚ましく進歩する。核エネルギーだけでなく、自然気象もコントロールし、人間の自然に及ぼす影響力が増大してゆくと、人間があたかも何もかも制御できるかのような幻想を作り出していく。科学の軍事利用に対する不安、科学者の倫理観や為政者のモラルにつ

いて、ゴジラ表象は、最初のうちは警鐘を鳴らし、核兵器の使用については強く拒否するものの、その平和利用のモスラの前に倒れ、核の恐怖の警鐘を鳴らす役割を失ってゆく。ゴジラが惨禍をもたらす「敵」という立場から、国民を救い、幸福や平和をもたらす「救世主」に変容してゆくさまは、まさしく核の恐怖を忘却し、原子力を受容するプロセスそのものといえるかもしれない。戦争の惨禍を乗り越えようと奮闘していた国民にとって、当時の科学技術の最先端であった原子力発電は、あたかも「希望の光」のように見え、経済発展のための、国民の生活を豊かに、幸せにする手段として輝いて見えたのだろう。科学の持つ力に対する恐怖や不安が次第に消え去り、人々は科学技術に大いなる希望と期待を抱き（過信し）、原子力が人間に提供する幻想の中に生きていたように見えるのである。「原子力時代の繊維」という言葉に見られるように、原子力時代は、宇宙時代とともに新しい時代の到来のように思われたのであろう。

　本来、核兵器を糾弾していたゴジラ表象が、われわれを守る身近な存在になり、脅威でなくなり、味方になっていくことで、自分たちを豊かにする原子力エネルギー利用を促進する一助となったのかもしれない。

　そして、科学エネルギーが、怪獣表象によって、悪いもの（核の軍事利用）と良いもの（核の平和利用）という二項対立の図式で表され、その意味が単純化された。原子力が「希望」としての側面を強調されるがゆえに、その希望の裏に潜んでいるリスクが見落とされた。そうした過程で、科学技術の利用の危険や科学自体が制御不能であることを忘れ（あるいは軽視し）、制御可能なものとの錯覚をもたらしたのかもしれない。

さらに、映画のレトリックが、ゴジラのもたらす惨禍を、予測・制御不可能な恐怖を強調するために自然災害や神の仕業として描くとき、観客にその本当の起源、つまり人為的な原因に対する見落としをもたらし、その代わりに自然や神の責任であるかのような誤信を招いたのかもしれない。

　第5章で述べられるように、ゴジラの変容は子供を映画のターゲットとした東宝の経営方針や、日本の産業自体がテレビの出現で力を失っていったことも一因であると思われるが、戦後の社会の大きな変化、核や科学技術に対する人々の意識や心情が変化したことも一因であるように思われるのである。強いゴジラの出現を必要とする社会、そして時代は再び到来する。

＊本章は 2012 年 7 月 21 日日本比較文学会関西支部例会での研究発表「ゴジラと科学神話」と 2014 年 10 月 13 日ニューヨーク大学主催の Kinema Workshop："Documenting Political：Godzilla Returns" での研究発表 "Japan's Nuclear Choice：Godzilla and Mothra" を整理・加筆・修正したものである。

第7章　ゴジラと科学神話

──────── **フィルモグラフィー** ────────

『ゴジラ』（1954）　監督：本多猪四郎、製作：田中友幸、特殊技術：円谷英二、出演：志村喬、河内桃子、宝田明、平田明彦、東宝。

『ゴジラの逆襲』（1956）監督：小田基義、製作：田中友幸、特技監督：円谷英二、出演：小泉博、若山セツ子、笠間雪雄、千秋実、志村喬、東宝。

『キングコング対ゴジラ』（1962）監督：本多猪四郎、製作：田中友幸、特技監督：円谷英二、出演：高島忠夫、浜美枝、佐原健二、藤木悠、有島一郎、東宝。

『モスラ対ゴジラ』（1964）監督：本多猪四郎、製作：田中友幸、特技監督：円谷英二、出演：宝田明、星由里子、小泉博、ザ・ピーナッツ、藤木悠、田島義文、佐原健二、東宝。

『三大怪獣　地球最大の決戦』（1964）監督：本多猪四郎、製作：田中友幸、特技監督：円谷英二、出演：夏木陽介、小泉博、星由里子、若林映子、ザ・ピーナッツ、志村喬、東宝。

『怪獣大戦争』（1965）　監督：本多猪四郎、製作：田中友幸、特技監督：円谷英二、出演：宝田明、ニック・アダムス、田崎潤、沢井桂子、水野久美、久保明、東宝。

『ゴジラ・エビラ・モスラ　南海の大決闘』（1966）監督：福田純、製作：田中友幸、特技監督：円谷英二、主演：宝田明、渡辺徹、伊吹徹、当銀長太郎、砂塚秀夫、水野久美、東宝。

『怪獣島の決戦　ゴジラの息子』（1967）監督：福田純、製作：田中友幸、特技・監修：円谷英二、出演：高島忠夫、久保明、前田美波里、平田昭彦、土屋嘉男、佐原健二、東宝。

『怪獣総進撃』（1968）監督：本多猪四郎、製作：田中友幸、特技監修：円谷英二、出演：久保明、田崎潤、アンドリュウ・ヒューズ、小林夕岐子、愛京子、東宝。

『ゴジラ・ミニラ・ガバラ　オール怪獣』（1969）監督：本多猪四郎、製作：田中友幸、特技監修：円谷英二、出演：矢崎知紀、佐原健二、中真知子、天本英世、石田茂樹、東宝。

第8章
子供時代は戻らない
―― アメリカのゴジラファンとノスタルジアのイデオロギー[1]作用

扉絵8　キングコング vs. ゴジラ　Coral Shen（5歳）作

ジークムント・シェン
Sigmund Shen

第1節 序論

　およそ60年前の1956年、日本版オリジナルの『ゴジラ』(1954)が自己検閲のため、大幅に撮り直され、改作され、アメリカの劇場で上映された。同年には、また、1941年爆発的な人気を博した『市民ケーン』(*Citizen Kane*, 1941) のリバイバルもあった。そのリバイバルは、当時「新聞王」と呼ばれた、ウィリアム・ランドルフ・ハースト (William Randolph Hearst) による最初の弾圧から15年後に、オーソン・ウェルズの傑作『市民ケーン』をアメリカの批評家が選ぶ「最高傑作」のリストのトップに押し上げたのである。このリストに『市民ケーン』は半世紀もの間、君臨しただろう。ところが、『市民ケーン』が、気まぐれなアメリカの映画ファンの世代にほとんど忘れ去られているにもかかわらず、ゴジラ (Godzilla / Gojira) とそのシリーズは、古いものであれ新しいものであれ、熱烈なGファン（ゴジラファン）のコミュニティーを今も持ち続けているのだ。

　もし、昔の昭和シリーズを見ようとアメリカの名画座に行くと、男性の観客の真ん中で座ることになるだろう。観客の中には、自

1）本章では「イデオロギー」という語を社会集団や社会的立場（国家・階級・性別など）において思想・行動や生活の仕方を根底的に制約している無意識の政治的に動機づけられた信念という意味で使用する。

分の子供とあるいは自分の両親の幽霊と一緒に座って、子供時代を再び味わっているものも多くいるだろう。また、映画鑑賞が、博物館のツアーや「カルト・コメディ・パーティ[2]」と同じ類いのものである者にとっては、ヒップスターもいるだろう（ヒップスターとはそもそも新しがり屋のことを指して言うので、彼らがゴジラの昭和シリーズを楽しむなんて皮肉なものである）。そしておそらく少数だろうが、本人にとっては誤った時代に生まれ（つまり60年代ではなく現在に生まれ）、モスラからビートルズまでのすべての60年代ものに熱狂的なレトロ・ヒップスター（レトロを新しがって好む者）もいるだろう。

しかしながら、観客全員の背後には、誰か他の人がおり、その同じ趣味を持つ者（気の合う人）は、ゴジラと同様に、想像上のものであり、哲学的には「現実」（目の前にあるもの）なのである。それは『市民ケーン』の最初のシーン、「ローズバッド」と死ぬ前に言い残すシーンに例えるとわかるだろう。

アメリカ帝国の低迷に伴う、厭世的で失意に満ち、無力な過去を悔いるようなツァイトガイスト（ドイツ語で「時代思潮」の意味）のなかで、ケーンは、そうした私生活から長く忘れ去られた子供時代の瞬間へ再び導かれたかのように、甘美な時代精神と最もワクワクする期待をもって、華やかな人生のスタートを切る。最期に彼の唇に浮かんだ言葉は、「薔薇の蕾」ではなく「Godzilla（ガッズイーラ）」と考えてみよう。Godzillaという語は、調べてみると、ゴジラ（gojira）という日本語の英語化である。さらに探求しようと、つまり、日本文化を理解しようと、日本語のゴジ

---

2) ロッキー・ホラー・ショー（Rocky Horror Picture Show）など主にカルト・コメディの映画を上映するパーティで、特に観客の参加を促すもの。

ラ（gojira）を調べてみると、ゴリラ（gorilla, 英語）と鯨（kujira, 日本語）の合成語であることがわかるだけだ。結局はゴリラという英語に逆戻りをすることになる。それは、まるで『市民ケーン』のミステリアスな言葉のように、言葉の意味を探究しても本当の意味はわからないのであるが、Godzillaはアメリカ人にとって子供時代の記号やシンボルであるため、言葉の意味を超えて懐かしい子供時代を想起させるものなのである。

第 2 節　架空の（存在したことがない）場所へのホームシック

　フィンランドの子供達は、*kaukokaipuu*（コウカカイプー）という「一度も訪れたことのない場所に対するホームシックの感情」という意味の言葉とともに成長する。その言葉は、何かを喚起する概念だが、幾分、冗長である。なぜなら、すべてのホームシックとは、多かれ少なかれ、故郷を憧れる気持ちであり、しかも厳密に言えば、故郷はそこ（訪れたことのない場所）に存在しなかったのである。

　少なくとも、いかなる瞬間においても、ホームシックという感情が再び喚起される、まさに心理学的な意味においては、ホームシックという感情は存在しなかったのである。「ノスタルジア」という言葉も類似した皮肉的なニュアンスを運ぶ。それは、同じ欲望によって、もうすでにある程度フィクション（架空のもの）に変容された時空を、再び訪れたいというものである。欲望の性質は複雑である。それは、心理学的、社会的、政治的、存在論的、そして多分、本能的である。心理学者のジークムント・フロイト

（Sigmund Freud）が言うには、欲望はいつも無意識なもので、巧妙に欲望自身の形跡を装い、夢という謎かけを通して姿を現す。

本章が関心を傾けるのは、主に、この創造的・破壊的・再構築的な欲望を政治的に具体化することである。そして、取り挙げるのは、日本映画『ゴジラ』の大幅なカットと編集、および『市民ケーン』の最初の上映に対する弾圧とをもたらした、双方に共通するイデオロギー的で非現実的な願望なのである。

アメリカの仏教徒の詩人、グレーテル・エールリヒ（Gretel Erhlich, 1946-）は、ワイオミング州の山々で孤独と精神的な気づきについて瞑想を行うことを懐かしく思い、こう書いたことがある。「わたしが東京に上陸した時、あまりにもそこで故郷にいるように感じたので、私は流暢な日本語の会話に話せないのに割り込んでしまいたいと思ったほどである」。アメリカ人のゴジラファンの故郷という場所を移したノスタルジアと、エールリヒの一度も住んだことがない国に対する奇妙な憧れは、異なる時期に異なる場所を単に訪れる観光客とは異なり、アウトサイダー（外部者の立場）でありながらも、本当に故郷にいるようなくつろいだ気持ちを感じたいという欲望である。

エールリヒの言葉 fluent（流暢な）のラテン語の語源は「流れ」を意味し、それゆえ今では特定の地政学的な地域と言語的に強く一体感を示す言葉であり、国境や境界線をなくそうとする古い時代の希望を反映している。これは次のことを暗示する。大怪獣映画オタクは、当時の米国内にあった一種の戦後のコスモポリタン的なユートピア主義に感動し、例えば日本映画『宇宙大怪獣ギララ』（*The X from Outer Space*, 1967）や『怪獣大戦争』（*Monster Zero*, 1965）が引き起こす異文化的ロマンティックな緊張の中に、

そうした希望を確かに見るのである。

　しかし、エールリヒの暗黒郷（ディストピア）の小説『所有せざる人々』（*The Dispossessed*, 1974）の中で、アメリカのサイエンス・フィクション作家のアーシュラ・K・ル＝グウィン（Ursula K. Le Guin, 1929-2018）の「真の旅は帰途である」という一文をわれわれに思い出させるのだ。この西洋の植民地冒険小説の「精神的な探求」のなかで、「旅」の真の意味は、旅が完結した時にのみ見い出される。自分自身だけでなく自分の固有の時間と空間を変容させたという達成感、あるいは少なくともその変容を把握できた時に見つけることができるものである。

第3節　政治的贖罪としての「改訂」

　たいていの場合、このような変容の根底にあるイデオロギーの目的とは、自分自身が納得できる形で故郷の良さを再確認することである（つまり、自分の故郷に対する気持ちを取り戻すことである）。『オズの魔法使い』（*The Wizard of Oz*, 1939）のドロシーは、カンザスのホコリっぽい平原から逃れ、魅力的なエメラルド市に向かおうとした後、自分の好奇心のために事実上、罰を受けることになる。彼女は故郷に戻ると「故郷のようなところはない」と安堵して叫ぶのである。

　多くのアメリカ人に愛された映画は、ハリウッドであろうと外国映画であろうと、同じように、この願望を満足のいくように叶えることができる。これまで最も成功したアメリカの資本家のことを、つまり、アメリカ自身の不正や抑圧の歴史に対する罪の意識を和らげる、あるいは彼らがその意識から気をそらす方法を考えてみよう。

その方法とは、『風と共に去りぬ』（*Gone with the Wind*, 1939）（インフレを考慮すれば、史上アメリカで最もチケットが売れた映画）の「幸せな奴隷」や『スターウォーズ』（*Star Wars*, 1977）（第2位）のベトナム戦争への入念で間接的な言及や、『タイタニック』（*Titanic*, 1997）における労働階級の組織的な虐待、および『アバター』（*Avatar*, 2009）（第15位）の外国の土地の搾取や外国人の大量虐殺などの映画を鑑賞することである。もちろん、『キングコング』のなかのアフリカ人の奴隷貿易への間接的な言及はその中心であると言えるだろう。

　オリジナルの『ゴジラ』の陰鬱さや、アメリカ製の2作品を含むその後のシリーズ作品を通して継続する、核による滅亡を連想させる特徴は、日米両国のイデオロギーを横断するように見ると、アメリカ人の政治的贖罪の欲望を十分に満たすことがわかる。例えば、保守派の視点からみると、その陰鬱さは、原爆投下などアメリカが日本を含む従属国に対して政治的に行ってきた罪のように思われる行為をゴジラに転移させ、自らを正当化し、浄化へと導くことに役立つ。

　一方、革新的な視点（左派）からみると、ゴジラ映画が暗示する、日本や日本人が戦争の恐怖との共犯関係にある（つまり、戦争の恐怖に苛まれるのは日本政府あるいは日本国民にも責任がある）という認識や理想主義にも思われる日本人の悲しげな誠実さや思索にアメリカ人は確かに魅了されるのである。そして多くのハリウッドのアクション映画に見られる愛国主義や勝ち誇った態度を否定する。

　そのような傾向の観客は、歴史的な言及が悲観的であればあるほど、過去の過ちを認め、真摯により良い未来を築こうとする人

間の内なる欲望に対する信仰を、いっそう肯定することになる。

　だが、この悲しげな美学は、政治的に右に傾く多くのアメリカのゴジラファンにとっては、世界中の誤って導かれている人々を救うため、少なくとも横暴な支配者から彼らを救うために、アメリカ人が自ら背負った、究極的には善意の侵略者として、やむを得ず軍事力を振るう者としての役割を、厳かに弁護するものとして解釈されうるのである。つまり、『オズの魔法使い』においてドロシーが魔女を殺すと、彼女の野蛮な主体は彼らの崇高な分身へと変わるのと同じである。

　それでは、なぜ、無慈悲や権力に対する欲望を強烈に辛辣に告発した『市民ケーン』が消えていく一方で、ゴジラ映画の人気は続いてきたのだろうか。映画学者のシンシア・アープ（Cynthia Erb, 1954-）は、その野心的で精力的な研究『キングコングを追って』（*Tracking King Kong*, 1998）において「芸術作品の文化的な存続は、求められる機能を分類し取り揃えることができる能力に比例する」（p.24）と述べている。このようにイデオロギー的に有用な作品の古典的な例は、日米両国における高校の教科書から見つけることができる。

　日本の第二次世界大戦の歴史に関する論争においても、またアメリカの進化論や地球温暖化に関する論争においても、教科書は支配階級にとっては満足のいく働きをする。しかし、そのように露骨で、明らかに己のためであるプロパガンダは、子供にさえも容易に批判される。そうした批判をできるだけ避けるためには、作品の有用性と機能が効果的に装われなければならないのである。

　そもそも、一般に空想映画、そして特に大怪獣映画は、現在に関する間接的な比喩から注意をそらしたり、あるいはそれを隠し

たりする独自の能力を備えている。たとえそうした映画が、過去に対する憧れをカタルシス的に（つまり心の浄化をするために）喚起するときさえも、である。アープが言うには、

> シュールリアリズム的な美学においては、キングコングは原始的でありオートマトン（ロボット）的である。それは、二重に記号化された不気味なものの姿であり、自然という古代の領域の記憶を、文明化した（現代の）観客の心に吹き込む力を備えている（p.110）。

しかし、恐怖映画の中でもゴジラ映画は、アメリカの観客に対して孤高を保っている。アープは、オリジナルの『ゴジラ』（1954）には、「匹敵するアメリカの怪獣映画には見つけられない、強く心に訴える性質のものがある」と記している（p.149）。ちょうどこれらの痛ましい、そして映画の比喩に隠された意味が、同時に洗脳的でかつ快適にもなりうるのと同様に、ゴジラ映画について構築しようと議論――つまり、映画に隠された考えについて解釈し、問いを立て、研究し、論じるさま――も潜在的に抑圧的であると同時に解放的でもあり得るのである。

第4節　二度と戻らない子供時代

本章の政治的な視点が、ゴジラ映画鑑賞の正式な喜び、つまり、細部にわたってよくできた芸術品であること、想像豊かな物語であること、奇妙なユーモアを含んでいること、そしてしばしば胸がワクワクするような音楽的テーマを奏でることなどを否定する

ものとして捉えられるべきではない。また、子供にとっての穏やかな魅力、つまりまったく純粋に不思議であると感じる感性へ魅力も、アメリカでの人気の否定できない要因であり続けている。

1970年代1980年代初期には、アメリカの都会の中心でテレビ局が日本の「大怪獣映画」をそれよりもずっと毒々しい、身の毛のよだつようなホラー映画の吸血鬼、魔女、狼人間、ゾンビのイメージとともに頻繁に番組を編成していた。そうしたプログラムの中でも、子供向けの恐竜たちに関する、比較的血の気が少ない、一般向きの内容の怪獣映画は、当時学童期の観客には、近づきやすく、鮮明に記憶されただろう。

ウィリアム・ツツイ（William Tsutsui, 1963- ）は、『ゴジラとアメリカの半世紀』（2015）（*Godzilla on My Mind: Fifty Years of the King of Monsters,* 2014）のなかで長編の総括的な目録を提供し、アメリカのポピュラー・カルチャーと比較し、彼自身の印象を集約し、以下のように結論づけている。

> ゴジラを愛する人々の心の中でもっとも強くかき立てられる感情は、文句なしにほろ苦い郷愁の思いである。（中略）けれども郷愁というものは、微妙なもので、過ぎ去った心温まる日々の思い出のなかであっても（中略）必ずある種の喪失感、後悔、そして切なさが一緒に忍び込んでくる。というのは、ゴジラが若き日々の喜びを呼び覚ましてくれるが、同時にどれだけ時代が変わり、純粋さが失われ、結局あの頃の希望が叶わなかったり、世の中が完全に変容したこと、もう絶対にあの時代に戻れないということを私たちは改めて思い知らされるからだ（2015; pp.241-242）。

最後にゴジラ映画がアメリカのテレビ放送で広く自由に利用できるようになってから、1970年代と1980年代には、一世代が過ぎていた。ツツイの過去に対する意思表示には納得がいく。しかし、本稿の目的を考えると、彼の洞察は単に結論としてだけではなく、問いの始まりの役割も持つ。言い換えれば、彼に対して次のように批判することになるだろう。

　主に政治史や政治権力の複雑な過去の遺産によって構成されている、アメリカ人のゴジラファンのコミュニティーが、なぜこれらの映画をノスタルジックに楽しむことができるかということは、政治的な分析がなければ完全ではない。ましてや、「失われた純真で罪の意識のない気持ち、また叶えていない望み、そして永久に変わってしまった世界」を認識することは、世界最後の超大国の市民にとって、純真で無罪にはなりえないのだ。

　それでは1970年代のアメリカに厳密には何が起こっていたのだろうか？　確かに、月面探索の任務が世界をテクノクラート（政治経済や科学技術について高度の専門的知識を持つ行政官・管理者のことを指すが「技術官僚」とも呼ぶ）の未来へ導くというわれわれの想像力を掻き立てた。

　しかしわれわれ米国人は、同時にまた、道徳的にも軍事上も失敗となったベトナムにおける侵略と介入に関する恐ろしいニュースやそのイメージと闘っていたのである。このニュースとそうしたイメージは、過去の朝鮮半島における同様の不運なできごとを掘り起こし、中華人民共和国の増大する力をも助長したのだった。

　われわれは、衝撃的な暗殺によって人気ある大統領を失った。公民権運動は歴史に関する痛ましい現実や長く続く人種差別や貧困の記憶を生んだ。フェミニズムや性革命は男性の父権に関する

前提を揺るがしたのである。

　恐怖映画の『ドーン・オブ・ザ・デッド』(*Dawn of the Dead*, 1978) や『悪魔の生贄』(*The Texas Chainsaw Massacre*, 1974) は西洋文明の衰亡と崩壊に関する忘れられない寓話を集めたものだった。この苦い歴史的・政治的瞬間の文脈において、テレビで放送されるゴジラ映画は、想像上の救済を与えたのだった。

第5節　キングコングはわれわれをバカにはできない——『キングコング対ゴジラ』そして『モスラ対ゴジラ』のなかで転移される人種差別

　『キングコング対ゴジラ』(1962年東宝) のアメリカ人にとっての魅力を理解するには、まず1933年の『キングコング』オリジナル版の説明から始めなければならない。『キングコング』はジュール・ヴェルヌ (Jules Verne, 1828-1905)、サー・ヘンリー・ライダー・ハガード (H. Rider Haggard, 1856-1925) そしてエドガー・ライス・バローズ (Edgar Rice Burroughs, 1875-1950) によるSF・冒険小説のような野生の植民地の、男の子向けの大衆文学を相続する映画である。そのようなものとしてジャンルのイデオロギーに加わるのである。

　骸骨島の非人間化された原住民は、人間を生贄にする儀式的な慣習の中で、また、不合理で軽蔑すべき異教の迷信の前で、非合理で臆病に描かれている。人種差別的な風刺漫画は、若い観客に西洋のモダニズムと覇権（ヘゲモニー）の正当性を説得するのだ。こうした名もない人々が銃や恐竜の歯で殺されると、ぞっとするような満足感を感じるようになっているのである。その中でもし

ぶしぶながら白人によって尊敬の念を受けている一つの魂があり、それが原住民の「神」である。彼は「高貴なる野蛮人」の資質である壮大な力を持ち、自己犠牲をいとわずに愛する対象を守り抜くヒーローの気持ちを体現しているので、原住民が崇拝する対象としての資格を持つのだろう。

　だが、この「神」を捕まえ、ニューヨークに運び込むことは、政治的に時代錯誤であり、認識的に不調和な植民地主義というイデオロギーの結末、つまり、奴隷貿易を、不快にも喚起することになるのだ。

　アフリカ人の奴隷化、彼らの暴力的な反乱、そして白人女性の空想上のレイプといった人種差別的な空想としてのキングコングに対する反響が、映画学者アーブと多くの研究者によって詳細に分析されてきた。この解釈は、クエンティン・タランティーノ（Quentin Tarantino）監督の『イングロリアス・バスターズ』（*Inglourious Basterds,* 2009）の中のいたちごっこのような対話の中でユーモラスに脱構築されている。

　悪名高いビアガーデンの場面においてナチスは、発音とシュードサックの寓話の中の人種差別的な比喩によって、私服刑事をアメリカ人であると認識するのである。ナチスはその私服刑事を「私は誰」という名の室内ゲームに招くのだった。各自の名前が別の人によって書かれており、他の人間だけ見ることができる名札をつけ、自分がつけているカードの名前を尋ねるという仕組みだ。

　ドイツの監獄を思い出し、怒りに満ちたアメリカ人の一人は、本物のナチの少佐、ヘルシュトロームに振り分けたカードに「キングコング」と書く。この糸口を選び、スティーグリッツ（ナチを装ったアメリカ人）は、キングコングの怒りと力、そして捕え

た者のせいで受けるコングの迫害を演じる。しかし、ヘルシュトロームは、アメリカの奴隷貿易に対して最初に誤って答えを教えた質問を通して直ちに名前を当てる。

　ヘルシュトロームは、ゲームに勝ち、彼を傷つけただけでなく、米国民が大切にしてきたアメリカ映画の神話を、奴隷貿易の国という恥と等しく見なすことによって、さらに侮辱を与えているのだ。嫌に目立つイデオロギー的な盲点によって、アメリカ人のスパイを見抜いただけでない。さらに、ヘルシュトロームは、映画のテクストをただ単に歴史主義者的に読むことで、無力な人々のために闘う戦士としてのアメリカ人の面影（イマーゴ）を転覆させるのである。多くのアメリカ人は映画のテクストのあまりに近くにいるためはっきりとそれを見ることができないか、もしくは見ようとはしないのだ。

　では今度は『キングコング対ゴジラ』（1962）を考えてみよう。ファラオ諸島の原住民に遭遇するパシフィック製薬の会社員を通して、われわれは同様の植民地の物語の緩やかなヴァージョンを提供される。原住民は、からかわれ、子供扱いされ、トランジスター・ラジオのシーンでは、現代のテクノロジーに言葉を失う。彼らは同時に無力であり救いを求める者として描かれている。子供の教育に対しても道徳的に遅れているものとして判断されている（例えば、一人の母親が子供のタバコを取り上げる場面を思い出してみよう。また、別の母親が、自分のすぐ背後に巨大なタコが現れた時のことだが、愚かにも子供に体罰を与えると脅している場面でもそのように描かれている）。

　異なる点は、この映画がアメリカ人の目には、オリジナルの『キングコング』よりも「まし」にさえ見えることだ。なぜなら、そ

れは、植民地主義の罪悪感や人種差別的な原住民の非人間化を、そしてさらに独りよがりの文化的な優越感を、日本人の会社員に都合よく投影しているからである。

初めてキングコングの唸り声を聞くと本能的な恐怖（苦しんだ過去の世代のDNAに「記憶された」恐怖とも言えるだろう）にすくんだのも、勝手に己の利益のために恐ろしい獣を捕まえ、愚かにも「文明」に持ち帰ろうとしたが、自慢のモダンな列車も戦争の武器もそして摩天楼なども、こうした文明よりもずっと昔の「自然」の力によって破壊されるのを見ることになるのも、その日本人たちなのだ。

要するに『キングコング対ゴジラ』（1962）の場合は、摩訶不思議にも全ての人種差別の罪悪感が取り除かれて、アメリカ人の観客が楽しめる優越感を与え、1933年の原作で問われた利己主義を慰めるのである。さらに良いことに、日本人の登場人物に罪の意識を移すことで、日本に対するアメリカの父権的な人種差別を確認するのである。

見てごらん、日本人はわれわれを真似てわれわれが犯したのと同じ過ちを犯しているよ、と。

これがまさにアメリカが「白人の責務」として日本人を植民地として統治し、アメリカの価値を押し付け、常備の軍隊を持つ権利を取り上げ、侵略を制限する子供じみた理由なのである。そしてだからこそ、われわれアメリカ人は真の巨大な怪獣である中国やソ連に対して、日本各地や沖縄でわれわれの軍事基地を運営し、日本人を守るのだ、というさらにいっそう明確な責務を持つことになる。このように、さらに癒しを行う暗示的な比喩の層が築かれているのだ。ちょうどパシフィック製薬の会社員がわれわれの

投影した罪の意識を受け入れる器（容器）であるように、キングコング自体がアメリカの軍隊とマッカーサー元帥の代役を務めている。キングコングは、非常に暴力的で強大であり、日本人女性に対して性的に貪欲で、かつ善意で日本の無力な地を守るのだ。まるで疲れたカウボーイあるいはサムライのように、キングコングは一人で故郷に泳いで帰ろうとして日没に消えていく（ラストシーンを参照）。

おそらく、映画のコミカルな要素は、真のカタルシス（浄化）を遂げるには、あまりに意識させすぎるので、幾分、政治劇場のすべてを台無しにしている。しかし、もし、この点（浄化）においては半分うまくいっているにしか過ぎないのであれば、おそらく別のやり方でこの差を補っているだろう。それは、この映画の面白いという感覚、つまり不合理な東洋対西洋の対戦という仕掛けが、別の機能を果たしているのである。

戦後の米日関係の修復を手伝うこと、つまり、過去の敵国同士が時折悲惨な過去を脇において、好戦的な状況を、友好的なライバルに昇華させるというやり方である。核のホロコーストや集団虐殺の奴隷制という二つの不穏なシンボルをそれぞれ取り上げ、それらを色彩豊かなレスリング・マッチという害のないファンタジーに仕上げるほど、上手い方法があるだろうか。第二次世界大戦後の力が勝り平等ではないアメリカと日本の関係を作り上げるために、『キングコング対ゴジラ』はおそらく絶好のタイミングに訪れた、完璧な国際的合作だっただろう。

この同一化と優越感を混ぜ合わせた心地よいカクテルの多くが、再び『モスラ対ゴジラ』（1964）で再生産される。ファラオ島はインファント島に、キングコングはモスラに、パシフィック製薬

はハッピー・エンタープライズに、そしてファラオ島の司祭は小美人に取って代わるのである。『キングコング対ゴジラ』のふみ子(つまり、それは『キングコング』の劇中ヒロインであるアン・ダロウ（Ann Darrow）への簡単な言及なのだが）に対する崇高な保護は、モスラの卵へ（そして全ての人類へ）の自己犠牲的な愛に取って代わられる。

　キングコングがアルコールを飲まされ、自衛隊のヘリコプターに捕獲されるのにひきかえ、モスラは自発的に助けようとする点で、両者の間に小さな違いはある。しかしながら、双方の物語において世界をゴジラから救うために別の怪獣をリクルートするのに成功するというところは、合理的な現代が原始時代よりも優っていると言える点である。アメリカのテレビ放送の英語の吹き替えでは、司祭と侍者は、最初は助けるのを断り、「われわれの土地のように貴方の土地が破壊されないように」と厳かに言う。悪魔の火を焚いた人間がそのためにゴジラに攻撃されて罰を受けているのだと言って、モスラを召喚する依頼を断る司祭の懲罰的で深みのない道徳的な見解は、少しあとにモスラの前で、人間にも良い人と悪い人がいるが、神の前では人間は平等ではないのか、と主張する酒井（宝田明）と中西（星由里子）によって論破される。この二人は、穏やかな声で話す理性の持ち主で、アジアの「モデル・マイノリティ」（アメリカで成功しているアジア人のポジティブなステレオタイプ）であり、原住民の歴史的な不満から彼らを説き伏せる任務を授かっているのだ。

　この出会いは、英語の吹き替えでは簡略化され、アメリカ人の良心に問題を投げかけるようなものにはなっていない。日米のヴァージョンにおいて、主人公たちが核実験によるインファント

第 8 章　子供時代は戻らない

図 8-1　被爆したインファント島
『モスラ対ゴジラ』© 1964 TOHO CO., LTD.

　島の環境破壊を調査する際に、三浦は、罪悪感や責任感といった感情を表す。日本版ではその罪の意識や責任感というものが深く掘り下げられるのに対し、アメリカ版では「安全に」処理されるのである（図 8-1）。

　具体的にいうと、日本版では、中西の罪の意識が、酒井の（原水爆禁止運動や日米安全保条約など）政府に対する抗議デモの限界や占領体験によって西欧諸国に追従するメディアに対する批判を導く。酒井は、「核爆弾に反対するデモなんてもうニュースにはならないと思った」と中西に伝えるのである。しかし英語の吹き替え版では、この酒井の含みのある（隠された意図のあるおそらく反米に導くような）台詞は抹消され、陳腐で快く響く普遍的な言葉「人類みんなの責任だ」にとって代わられるのである（島民

は明らかにこの文脈では犠牲者なので、ハリウッドはうまく「人類」のカテゴリーから産業革命前の社会を取り除いたのである)。

また、後に続く場面では、司祭は、日本版では、核兵器について「悪魔の火、神さえも許さない火」と言及するが、アメリカの観客のために書き直された英語の吹き替え版では、「科学は悪である」という破滅的な等式は削除され、「君たちは、神の火と戯れたのだ」と正反対の評価（科学は神である）へと進む。最後に、中西と彼女の同僚は美しい西洋のスーツを着て、半分裸の島民たちの前に立ち、アメリカのピューリタン主義とは合わない、急進的な許しを熱心に勧める。「多くの人々がゴジラに命を奪われている。多くの善人がいるが、悪人にも生きる権利がある。（中略）全ての人が神の前では平等である」と。

しかし、アメリカ版のカットでは、このガンダールヴル（魔法使い）の議論が、つまらない自由意志論者の訴えにとって代わられていた。「全員悪人と同じように殺されている。罪のない人間を罪のある人間と一緒に死なせても良いのか？　君にはそのような権利がない」。イデオロギー的に都合の良い変更が、まさにアメリカ人の観客の心を癒すために行われている。多くのアメリカ人は決して字幕の原語を見ないだろう。

第6節　「君は妹を氷詰めにすべきだったのだ」（グレンが堅物の宇宙飛行士、富士に言う）
　　　　――『怪獣大戦争』と『怪獣総進撃』

ちょうどキングコングがエドガー・ライス・バローズ（Edgar Rice Burrough, 1875-1950）のターザンの物語によってインスピ

レーションを得たように、1965年公開の日米合作映画『怪獣大戦争』（*Monster Zero*, 1965）の中心にあるロマンスは、バローズの別の代表作である1917年のSF冒険小説『火星のプリンセス』（*A Princess of Mars*）を想起させる。

　『怪獣大戦争』は、X惑星を探索する宇宙飛行士グレンとX星人の美人女性、波川とのロマンスを描き、アメリカ人の異性愛男性の観客に明らかに優越感を与えている。波川は悲劇的な結末を迎えることになるが、グレンのために自分を犠牲にする彼女の意志は、グレンが彼女に命と個性を「与える」ことへの感謝の気持ちとして表現される。「貴方といると、計算を超えた愛が見つかるわ」。アメリカでは、傲慢なプレイボーイは自分自身を「女性への神の贈り物」として見るという。ここでは、グレンはアメリカであり、アジア人／宇宙人の女性に対する大地の贈り物であり、日本人の宇宙飛行士、富士と明らかに対照的なのだ。なぜなら、アジアのヒーローである富士は、堅物で妹を守ろうと、彼女がボーイフレンドとデートするのも明からさまに反対する様子が描かれているからである。

　もしこの比較・対照が、実際にはゴジラファンのために意図してのことであれば、アメリカの人の男性の日本人に対する優位はこれ以上にうまく設計され得なかったであろう。アメリカ人にとって、第二次世界大戦の軍事上の勝利は自分たちの文化的価値の証明でもあり、その部分の自分たちの運命とは、民主政治、科学、そして資本主義のためにだけでなく、女性の権利のためにも、世界を安全にすることだと信じたがるからである。

　『ゴジラ』（1954）の中で恵美子が緒方と恋に落ちる時、アメリカ人の男性の観客にとって重要なのは、家族が選んだ伝統的な見

合い結婚を却下し、「モダンな女性」になりたい、つまりアメリカ人になりたい、と彼女が考えていることなのである。一人のアメリカ人のブロガーがこう言っている。

> 恋愛の三角関係はカップルの選択を通してみる二つの結婚の形態——伝統的なお見合い結婚と現代結婚（恋愛結婚）——の間の争いである。そしてその争いは日本人の観客にとっては非常に現実的であったろう。［志村の］ゴジラを（研究のために）生かしておきたいという欲望は、彼が（娘のためにアレンジした結婚である）伝統的な結婚を支持することにも等しい。そしてゴジラの死はまた伝統的な結婚の死でもある（Benson）。

われわれはそのような結果が、われわれの戦争を、原子爆弾投下を正当化しているように感じるのである。なぜなら、「最後にわれわれは世界をよりよい場所にした」からである。マッカーサー元帥やアメリカ政府との日本の経済的・政治的協力がわれわれの感情の正当性を肯定しているように思われるのだ。

外国人女性の救出および救済をともなう植民地主義戦争と等しく見なす、この想像上の方程式の証拠は、アメリカのメディアの至る所で見られる。外国での女性に対する暴力に関する物語は、主流のメディアが飽くこともなくそうした題材を追求する過程で、明らかに見てとれる。花嫁の焼死、辛辣な攻撃、女性器切除、内戦でのレイプなど（9.11以降、イスラム教徒の女性に対する虐待に関するぞっとするような話がおそらく増えてきただろう）。これらの物語は一般に女性の犠牲に焦点を絞っており、その国の女性

が変化をもたらそうと組織化していることについてではないのである。なぜなら、そうした抵抗を強調すると、アメリカの軍隊に助けを求めて嘆願する犠牲者といった空想に打撃を与えるからである。デーナ・クラウド（Dana Cloud）は次のように記している。

[アフガニスタンの女性の]表象は、より一般的なカテゴリーの「文明の衝突」に属する。それは、「白人の責務」という考えと接続する言語と視覚の表意文字である。自己と他者の二項対立を構築し、アフガニスタンの女性に対して父権的なスタンスを喚起し、モダニティの解放としてのこうしたイメージは、実際の戦争の動機とは矛盾する一連の正当化に加わるのである（p.285）。

9.11 以降のアメリカのメディアにおけるイスラム教徒の女性の描写に関する未刊の博士論文において Nahed Mohamed Atef Eltantawy は、2001 年 11 月のアフガニスタン侵攻を、恥知らずにも宣伝するワシントンポストからの一節を強調する。「カブールをできるだけ早く占領し、（アフガニスタンの都市、マザリーシャリフで起こったように）女性が彼女のブルカ（イスラム教徒の女性着）を脱ぎ、音楽が再び演奏され、少女が学校へ戻る姿を世界中のカメラで見せるようにしよう」。

これらの例に見られるような人種差別は極端である。しかし、アジアの女性に向けられたときも同様にその差別は明白である。「1946 年の憲法は両性の平等を保証するが、実践においては、日本の女性は、めったに男性と同等なものとして行動していない」とニューヨーク・タイムズ紙は 1982 年の日本での離婚に関する記

事で公表した。「年老いた女性は未だに夫より2、3歩下がって歩き、女性の給料は一般に男性の半分である」。

この地点では、ジャーナリスト兼民族誌学者であるテリー・トラッコ（Terry Trucco）は、この差別主義は儒教によるものである、そして孔子が中国人だったことは気にしないようにと説明している。「数世紀もの間、儒教の忍耐と追従を原則とする教育により、女性は、幼い頃は父親に、結婚したら夫に、老いたら子供たちに、いつも従うように期待されてきました」。ひどい偏見だと非難されるのを避けるために、作者は日本の女性の次の言葉を引用し、記事を締めくくっている。「彼らは召使いや奴隷を欲しているのであり、妻を捜している男性を見つけるのは難しい」。不幸せな日本の女性というアメリカのファンタジー（空想）は、バブル経済の時代まで執拗に続いたのである。1990年代に、『ハーフ・ザ・スカイ：彼女たちが世界の希望に変わるまで』(*Half the Sky: Turning Oppression into Opportunity for Women Worldwide*) の著者、シェリル・ウーダン（Sheryl WuDunn）がニューヨーク・タイムズに「成田離婚」について "Many Japanese Women Are Resisting Servility"（多くの日本の女性は服従に抵抗している）という、人気のある記事を書いた[3]。

『怪獣大戦争』と『怪獣総進撃』(*Destroy All Monsters*, 1968)（東宝）（図8-2）において、白人の男性は「救世主」であるという複雑な意識（精神用語のコンプレックス）は、自己義憤と同時

---

[3] ウーダンの夫ニコラス・クリストフ（Nicholas Kristof）は、ニューヨーク・タイムズの定期的なコラムニストで，カンボジアにおける児童の性的虐待に関するシリーズは最も悪名高い。二人の子供の自由を購入し、彼らについての報告をし，物語を書こうとして人種差別の文化帝国主義を実践していると告訴された。

第8章　子供時代は戻らない

図 8-2 『怪獣総進撃』*Destroy All Monsters*（1968）プレスブック

に刺激的な共犯関係を招く性差別によって助長されている。グレンがX星人の支配者に女性の画一性（X星人の女性は全員波川と同じ顔をしていること）について詰問すると、宇宙飛行士の植民地主義的で性差別的な欲望が彼をどんな性差別の非難も受けるようにしたのだ、とX星人は遠回しに波川のことを言う。そして「この件を論じるのはやめよう。お互いが「所有する」女性については沈黙し、兄弟関係を作ろう」と言い、アメリカで人気のある言葉で表現すると、「色恋より友情を優先する」のである。

　グレンが波川を説得して自分のために彼女の文明を捨てようとした時、彼女は彼がX星人になってその代わり自分と結婚するように主張する。すべての会話は、『グッドモーニング・ベトナム』のなかのロビン・ウイリアムスに、いかに彼女の社会の「レディ」

がふるまうように期待されているかについて講義しているおとなしいアジアの女性の口調である。

その後、波川は、自分の性的欲望をもったことと敵との協力によって罰せられる。愛する白人を守ろうとする彼女の崇高な死においても、戦争においては性的に自由な二重スパイのステレオタイプを演じる。グレンの目を見つめる優しい目は、彼女の手が彼のポケットに滑り込む映像によって、それが嘘である（つまり彼女がスパイであること）がばれるのだ（図8-3）。

『怪獣大戦争』の波川という複雑な人物は、『怪獣総進撃』では、「善人」な京子と「悪女」であるキアラク星の女王との2人の女性に分かれる。しかしながら、京子の長所でさえ、男性への忠誠心として描かれる。

知的で有能な京子は、話が進むにつれ、単なる一人の意志の弱

図8-3　グレンと波川

『怪獣大戦争』© 1965 TOHO CO., LTD.

い、別の女性となる。彼女は、宇宙人に洗脳され、公の目にさらされ、自分の権威と力を主張する啓示を行う時には、呆れたことに、まるであさはかな子供が短気に人間の大人（男性）に逆らうかのように話す。（まるで『風と共に去りぬ』のレット・バトラーのような男性の暴力によって）洗脳から意識が戻るとすぐに、京子は感謝して赤ん坊のようにすすり泣き、同情した男性の胸の中に顔を埋める（図8-4）。同様に、キアラク女王もおとなしく思いふけった様子で男性に逆らうが、それはまるで従順な女性が蜂蜜のように甘い口調で話す気味の悪いパロディのようである（図8-5）。

京子、波川、キアラク女王が、言葉での反論や男性の権威に対する冷静な疑問も含め、男性に対するいかなる形の抵抗であっても、それらを行使するときは、敵の危険な影響から「救う」という名のもとに、彼女らは、不信、辛辣な言葉、明らかな性差別、肉体的暴力、殺人さえも経験するのだ。

このような性差別の例は、西欧の観客のためにグレンによって具体化された、（観客の白人の男性にとっては）救世主としての白人のメンタリティに対する明らかな挑発である。しかし、同時に1960年代1970年代にフェミニズムの行進によって挫折を味わい、取り残された白人男性の羨望の的にもなるのだ。アメリカの歴史上、最も流行した漫談コメディ映画『ロウ』（*Raw*, 1987）のなかで、喜劇俳優のエディ・マーフィ（Eddie Murphy）が、困惑しながらも賞賛し、友人の日本人妻の従順さについて次のように話す。

彼女が夫を見ると彼はこう言う。

図 8-4 京子

『怪獣総進撃』© 1968 TOHO CO., LTD.

図 8-5 キアラク女王

『怪獣総進撃』図 8-2 のプレスブックより

「しゃべっても良い」

そして彼女は話すんだ。そこで私はこう言ったよ。

「おい、もはやそれは女性の方が男性をコントロールしているよ。いいかい、なぜって、僕はアメリカの女性から『私は貴方のものではないわ』と言われるのに慣れているからだよ」

第7節 「百万人の行進」
――ヒッピー・パニックと「モデル・マイノリティー」

2006年の韓国映画『グムエル―漢江の怪物』（*The Host*）のあからさまな反米のイメージとテーマを考えてみよう。この映画は、米軍基地が460のホルムアルデヒドの瓶を漢江に捨てた2000年の事件に対する直接的な反応であり、この映画に登場する怪獣は環境汚染による突然変異の卵でもあった。

しかし、最後には、火炎瓶と都会のゲリラ戦で抵抗を組織化する日々の韓国人次第であるという物語となっている。彼らの戦いは、怪獣に対してだけでなく、暴徒鎮圧用の装備をした警官を含む抑圧的な国家機関に対するものでもある。彼らは、アメリカの科学兵器を配布するのである。それは、ベトナム戦争への明確な言及である。なぜならベトナム戦争で使用された「枯れ葉剤」であるオレンジ剤にちなんで「黄色剤」と名付けられているからだ。

微妙な環境の逸話は別として、坂野義光の1971年の日本映画『ゴジラ対ヘドラ』（*Godzilla vs. the Smog Monster*）（図8-6）もまた左翼の映画として認識されている。しかし、（あるいはこの問題にとっては、ヒラリー・クリントンも同様だと言えるが）人種差別、貧困、戦争に抗議するドナルド・トランプのように、坂野

図8-6 『ゴジラ対ヘドラ』(*Godzilla* vs. *The Smog Monster*) プレスブック

の産業汚染に対する一般大衆に向けた批判は、最終的には政治的に保守的な終局を迎え、その偽善的で浅はかな嘘がばれるのである。ヒッピーの小集団が100万人の行進を組織するが、抗議者が、持続不可能な焼却という方法を使ってヘドラを偽善的にも処理しようとした後、下水の津波に不面目にも溺れて惨めに失敗する。最後に歴史を作るのは大衆ではなく、ゴジラと協力し、原子力によって生まれた電気を使用する自衛隊なのである。つまり、結局偽善的な抗議であり、軍事的で保守的な結末を迎えると言えるだろう。

そうでなければ、政治的に急進的な映画となりえたこの物語の不幸な結末は、戦犯を含む右翼の日本の政治家やビジネスマンが、1950年代(ジョンソン大統領の時代)に米軍基地と原子力の受け入れを許すことに抗議した民衆を無視した様子を写すのである。しかし、ヒッピー反対、自衛隊賛成、核および原子力支持と言った映画のメッセージは、1960年代の社会の激動で揺らぐアメリカの観客にとっては、心を慰める現実逃避となったであろう。

アジア人種を「モデル・マイノリティ」として操り、不平を言わず自己を犠牲にする勤勉な労働者として理想化することによって、有色人種と対峙させる一方で、他方では、生まれつき優れた白人の知性を描いてきたのである。この人種差別的な人々を分断し征服する方策は、少なくともヒトラーが日本人を第二次世界大戦中、「黄色人種のアーリア人」として受け入れてきた時代までさかのぼるが、白人とアジア人は一般に他の人種よりも優れていると信じる「オルタナ右翼」の活動において、ドナルド・トランプの支持者とともに今日のアメリカに生き続けている。

どのように日本のポピュラー・カルチャーがアメリカの支配階

級のイデオロギーを立証するために使われているかを理解するには、どのように日本が黄禍論（19世紀半ばの白人国家における黄色人種警戒論）や共産党の中国に対する解毒剤として、またベトナム戦争や朝鮮戦争における屈辱的で精神的に傷ついた敗北に対する調整的な措置として用いられているかを認識しなければならない。日本は、戦争で負けた最後のアジアの国であり、人類史上アメリカの核攻撃を受け苦しんだ唯一の国であるが、その政府はストイックにアメリカの核産業と軍事産業に追従し、共犯を実践するものとして描写されているのである。

第8節　結論

　1970年代そして1980年代初期にも、ゴジラはいくつかの無料のテレビ放送の番組で特集された。「4時半映画」、「ホラー劇場」、「ミリオン・ダラー映画」、そして2日間の「キングコング／ゴジラマラソン」が感謝祭の休日に毎年放送された。これらの映画は、ケーブル局に移ったが、引き続きこのテレビ放送における怪獣映画の「黄金期」に対するノスタルジアがハリウッドの大怪獣映画への進出に影響を与えたのである。

　核の起源は、デブリンとエメリッヒの1998年のゴジラでは省かれた。原子力と核兵器はギレルモ・デル・トロ（Guillermo del Toro）の2013年公開の『パシフィック・リム』（ワーナーブラザーズ）の中で成功を納め、ゴジラが米軍の戦艦と並んで泳ぐ姿が描かれ、それはおそらくギャレス・エドワード監督のリメイクにおいて共通の目的を持つ二つの同盟国を表現しているのだろう。

　2016年、『シン・ゴジラ』と英語の字幕付きのブルー・レイの

『ゴジラ1984』が入手できるようになった。恐らく時間が経過するとともに、アメリカ人の観客の体験に対して本章のような批評が加わることによって、アメリカのゴジラファンがゴジラのより破壊分子的な遺産と挑戦（抵抗の精神）に向き合う手助けをするだろう。

　しかしながら今までのところ、アメリカのGファン層に対するイデオロギー的なインパクトは、その防御機能——つまり、シン・ゴジラの反米的な政治は、あまりに頻繁に、日本政府を営む無策な官僚に対して集中砲火を浴びせること——によって却下され、また『ゴジラ1984』の地政学的な緊張も、1980年代の冷戦に対するパラノイアの時代遅れの表現によって隠されてしまう。

　フロイトは、エッセイ「転移性恋愛の観察」("Observations on Transference-Love")において「患者のニーズと憧れは、患者が働き、変化をもたらす力となるように、それらが患者の中に存続することを許すべきだ、また、われわれが代用物によってそうした力をなだめるように注意をしなければならない」と説明している。人々と同様、文化もまた不快にさせられることによって進歩するが、この進歩は、企業メディアの代理母の配備、つまりアメリカによるリブート版によって意味が変容され、妨げられるかもしれない。もちろん、それを妨げるものの中に、ゴジラの認識とゴジラを作り出した日本文化に培われたアメリカの「例外主義」、つまりアメリカは先進国の中でも特別である、という独自の白日夢も含まれるだろう。

> Appendix

"A Childhood Forever Gone":
American Godzilla Fans and the Ideological Functions of Nostalgia

By Sigmund Shen

Introduction: Rosebud

Sixty-three years ago, a heavily censored and reshot version of the original *Gojira* was released to theaters in the U.S. 1956 also saw a tremendously popular revival of *Citizen Kane*, which, after fifteen years of initial suppression by William Randolph Hearst, drove Orson Welles's masterwork to the top of American critics' "best of" lists, where it would preside for half a century. Although the latter film is all but forgotten by this generation of casual American moviegoers, Godzilla and its sequels, both new and old, continue to have a devoted fandom.

Go to an American revival house to enjoy the old Showa classics now, and you'll find yourself sitting in the middle of an audience of mostly men. Many of them are partly revisiting their childhood while sitting there with their own children, and/or with the ghosts of their own parents. Some are ironic hipsters for whom the screening is something akin to a museum tour or a cult comedy party. (1) Maybe a few are retro-hipsters, born into the wrong generation and enthusiastic about all things 60's from Mothra to the Beatles.

But behind all of them, there is someone else in the room, and that kindred spirit, like Godzilla, is both fictional and philosophically "real." In the weary zeitgeist that has accompanied this slow decline of the American empire, you can sense Charles Foster Kane, his sweetest years and most thrilling anticipations behind him, staring up at the screen as if being reintroduced to long-forgotten moments from his own life. This time the name on his lips is not "Rosebud," but "Godzilla." Yet just like that mysterious word at the end of *Citizen Kane*, this signifier of a signifier – a phonetic Anglicization of a bilingual, invented *portmanteau* – reveals both nothing and everything. (2)

A "Home" that Never Existed

Finnish children grow up with a term, *kaukokaipuu*, which can be translated as "a feeling of homesickness for a place you've never visited." It's an evocative concept, but to some degree, redundant: all homesickness is, more or less, a pining for a home which, strictly speaking, did not exist, at least not in exactly the psychologically useful way that it is re-collected at any given moment. Nostalgia carries a similar irony: the desire to revisit a period of time that has to some extent already been transformed into a fiction by that same desire. The nature of the desire itself is complicated: it is psychological, social, political, existential, perhaps even instinctual. Sigmund Freud says it is usually unconscious, elaborately disguising its own tracks, unconcealing itself only via the riddles of dreams. It is mainly the political incarnation of this creative, destructive, and reconstructive desire that will concern this essay – the same ideological wishfulness that drove, say, censorship of 1954's *Godzilla* for American moviegoers, and the suppression of *Citizen Kane* at its first release.

American Buddhist poet Gretel Erhlich, beloved for her meditations about solitude and spiritual discovery in the mountainous expanse of Wyoming, once wrote, "when I landed in Tokyo – I felt so at home there that I thought I would break into fluent Japanese." The displaced nostalgia of the American Godzilla fan, and Erhlich's cosmically weird yearning for a country in which she had never lived, is a desire to not simply visit, tourist-like, a different time and a different place, but to shed one's outsider status and authentically feel at home. The Latin root of Erhlich's English word, "fluent," means "flow," and thus, a word that now indicates a strong linguistic identification with a specific geopolitical region echoes an older hope for the dissolution of borders and boundaries. This suggests that American *daikaiju eiga otaku* are partly moved by a kind of postwar, cosmopolitan utopianism, and we certainly see this older, underlying hope, for example, in the intercultural romantic tensions of *The X from Outer Space* (1967) and *Monster Zero* (1965). But in her dystopian novel *The Dispossessed*, American science fiction writer Ursula K. LeGuin posits that "True journey is return." In the "spiritual quest" of Western colonialist adventure stories, the true meaning of a voyage is discovered only upon the completion of the circle – the accomplishment of having transformed not only oneself, but also one's native time and space, or at least, one's apprehension of it.

"Secondary Revision" as Political Redemption

Oftentimes, the ideological purpose of such a transformation is to create a subjectively convincing redemption for that native time and space. (3) After fleeing the dusty plains of Kansas for the mesmerizing Emerald City, Dorothy is effectively punished for her curiosity, and upon her return, cries with relief: "There's no place like home!" Many of America's most cherished movies – whether Hollywood or "foreign" – likewise facilitate the gratifying fulfillment of this wish to regard the American "homeland" – understood not just geographically, but also culturally and politically – as simultaneously innocent, powerful, and morally exceptional. (4) Consider some of the most "successful" U.S. moneymakers of all time, and the ways in which they assuage, distract from, or directly reference guilt about America's own history of injustice and oppression: the "happy slaves" of *Gone with the Wind* (when adjusted for inflation, still the #1 American ticket-seller of all time); the deliberate Vietnam allegory of *Star Wars* (#2); systemic abuse of the working class in *Titanic* (#5); the genocidal exploitation of a foreign land and people in *Avatar* (#15). And, of course, in *King Kong*, the metaphor of the African slave trade is central.

Appendix A Childhood Forever Gone

The gloominess of the original *Godzilla* film, and the monstrous character's continual association with nuclear annihilation throughout its later sequels (including the two American installments), can sate this American desire for political redemption, at both poles of the ideological divide. On the left, there is certainly a fascination with the films' implied acknowledgement of the Japanese government's complicity with the horrors of war, the remorseful honesty and reflectiveness of which can seem refreshingly idealistic when contrasted against the willfully jingoistic denial of so many Hollywood action movies. Ironically, for viewers of such an inclination, the more unflinchingly pessimistic the historical allegory, the more it affirms their faith in the innate human desire to recognize the errors of the past and humbly learn to build a better future. Yet for the many American Godzilla fans whose politics lean right, this same mournful esthetic can be read as a solemn vindication of America's self-appointed role as an ultimately benevolent invader, as a wielder of military might obligated by circumstances beyond its control to save the misguided peoples of the world from themselves, or at least, from their own despotic rulers. From this perspective, Godzilla enables American viewers to justify the nuclear bombings, because the title character often visits destruction and ruin on Japanese cities as an ironic result of "protecting" Japan against threats both human and monstrous. In *The Wizard of Oz*, when Dorothy kills the witch, her savage subjects revert to their noble selves.

So why have such films endured in popularity while *Citizen Kane*, an equally poignant and trenchant indictment of ruthlessness and lust for power, has faded from popular culture? Film scholar Cynthia Erb, in her ambitious and rigorous study *Tracking King Kong*, remarks that "the cultural endurance of an artifact increases in proportion to its capacity to fulfill an assortment of desired functions" (24). The classic example of such an ideologically useful artifact is a high school history textbook,. Whether in Japan's censorship of the emperor's role in the tragedies of World War II, or America's "debates" about evolutionary theory and global warming, such history textbooks perform a gratifying service for the ruling class by indoctrinating schoolchildren. But such transparent, obviously self-serving propaganda can be too easily dissected, even by a child. In order to make it more impervious to such deconstruction, the utility and function of the artifact must be more effectively disguised.

Almost by definition, fantasy films in general, and giant monster movies in particular, have a unique capacity to distract from and conceal their own metaphors about the present even as they cathartically trigger a longing for the past. As Erb puts it, "In the surrealist aesthetic, King Kong is both primitive and automaton – a doubly coded figure of the uncanny, invested with the power to inspire in the civilized spectator a memory of the archaic realm of nature" (110). But even among creature features, Godzilla movies stand apart to American viewers: Erb notes that the 1954 original has a "poignant quality not to be found in comparable American monster films" (149). Just as these affecting, concealed metaphors can be simultaneously indoctrinating and subversive, the discussions we elect to build about them – the ways we find to interpret, question, study, and argue over their hidden ideas – can potentially be both oppressive and liberating.

"A Childhood Forever Gone"

The political perspective of this essay shouldn't be taken as a dismissal of the formal pleasures of Godzilla films – their meticulous craft, imaginative plots, quirky humor, and often riveting musical themes. Furthermore their gentle appeal to children, to the childlike sense of sheer wonder, has also been an undeniable factor in their American popularity. In the 1970s and early 1980s, television stations in American urban centers often scheduled Japanese *daikaiju eiga* alongside more lurid, gruesome horror movie images of vampires, witches, werewolves, and zombies, so in the midst of such programming, the relatively bloodless G-rated fare about dinosaurs on a "wild rumpus" worthy of Maurice Sendak was bound to be more accessible and remembered more brightly by viewers who were school-aged at the time. William Tsutsui, in his memoir *Godzilla on My*

Appendix A Childhood Forever Gone

Mind: Fifty Years of the King of Monsters, presents a long and comprehensive catalog of Godzilla references and facts vis a vis American popular culture, gathering his impressions together to conclude that

> the emotion that Godzilla stirs most powerfully in the hearts of his admirers is, without question, a bittersweet sense of nostalgia. [...] But nostalgia is a tricky thing, and into all the warm remembrances [...] inevitably creeps a sense of loss, a feeling of regret, and a certain air of sadness. For if Godzilla reminds us of the joys of youth, it also reminds us of how much things have changed since our youth, of innocence lost and hopes unfulfilled, of a world forever altered and a childhood forever gone. (168-169)

Since the last time Godzilla movies were widely and freely available on American broadcast television was more than a generation ago, during the 1970s and 80s, Tsutsui's gesture towards the past is reasonable. But for the purposes of this essay, his insight serves not merely as a conclusion, but the beginning of an inquiry. Scrutiny of what makes these movies so nostalgically pleasurable to American fans, a community that is, after all, largely constituted by a complicated legacy of political history and power, is simply not complete without a political analysis, anymore than a perception of "innocence lost and hopes unfulfilled, [or] a world forever altered" can ever itself be innocent for citizens of the world's last remaining superpower.

What exactly was happening to America in the 1970s? Certainly, the lunar mission had excited our imaginations of leading the world into a technocratic future. But we were also grappling with horrifying news and images of a morally and militarily failed invasion and intervention in Vietnam that both dredged up the still-painful memory of our similar misadventure in Korea and underscored the growing power of the People's Republic of China. We had lost a popular president to a shocking assassination. The Civil Rights movement had lain bare painful realities about the history and living legacy of racism and poverty. Feminism and the sexual revolution had shaken male assumptions about patriarchal privilege. Horror films like *Dawn of the*

Dead and *The Texas Chainsaw Massacre* conjured haunting allegories of the decline and collapse of Western civilization. In the context of this painful historical and political moment, Godzilla films on broadcast television provided imaginary redemption.

"King Kong can't make a monkey out of us!": The displacement of racism in *King Kong vs. Godzilla* and *Godzilla vs. Mothra*

To understand the American appeal of *King Kong vs. Godzilla*, we should begin with the 1933 original. *King Kong* is a filmic heir to popular colonial boys' literature, such as the wild romances of Jules Verne, Rider Haggard, and Edgar Rice Burroughs, and as such it participates in the ideology of the genre. The dehumanized indigenous people of Skull Island are depicted as irrationally craven before the fetishes of their heathen superstition and contemptible in their ritual practice of human sacrifice: a racist caricature set up to convince young viewers of the righteousness of Western modernism and its predestined hegemony. We are meant to feel grim satisfaction when these nameless people are killed by gunfire or dinosaur teeth. The one soul among them who is grudgingly respected by white men is their "god," who seems to be entitled to the natives' worship because he embodies the qualities of the "noble savage": both spectacular power and a heroic willingness to protect his love object through self-sacrifice. Yet the capture of this "god" and his conveyance to New York uncomfortably evoke a politically anachronistic and cognitively dissonant consequence of colonialist ideology – the slave trade.

King Kong's resonance as a racist fantasy of the enslavement of African captives, their violent revolt, and their fantasized rape of white femininity has been analyzed at length by Erb and others. This interpretation is humorously deconstructed in a cat-and-mouse dialogue from Quentin Tarantino's *Inglourious Basterds*. In the infamous scene, the Nazis in a beer garden coolly identify the undercover Americans, partly by their speaking accents, but also by their blissful oblivious-

Appendix A Childhood Forever Gone

ness to the racial allegory in Schoedsack's fable. The Nazis have invited the undercover Americans to join them in a parlor game named "Who Am I". Each person wears a name card, written by another and visible only to others, and is tasked with guessing through a series of questions the name on the card he or she is wearing.

Filled with rage at the memory of a German prison, one of the Americans writes "King Kong" on a card that he assigns to a real Nazi, Major Hellstrom. By choosing this clue, Stiglitz shows us that he identifies with King Kong's fury and power, but also with the creature's persecution at the hands of his captors. But Hellstrom guesses the name immediately through a series of questions that at first misdirect towards the American slave trade. By winning the game and equating the cherished American movie myth with the shame of the American slave trade, Hellstrom is piling insult upon injury. He not only identifies the undercover Americans by their glaring ideological blind spot; he also turns upside down the American imago as champion of the powerless via a simple historicist reading of a cinematic text that many Americans can't or won't see clearly because they are too close to it.

Now consider *King Kong vs. Godzilla*. Via the company men of Pacific Pharmaceuticals who encounter the natives on Faro Island, we are supplied a gentler version of the same colonial narrative. The natives are ridiculed, infantilized, and struck speechless by modern technology in the scene with the transistor radio. They are simultaneously depicted as helplessly in need of rescue, and judged as morally unsophisticated toward their own children (remember the way one mother snatches away her child's cigarettes and another absurdly threatens corporal punishment when there's a giant octopus looming right behind her).

The difference is that this film, when viewed through American eyes, is even more gratifying than the original because it conveniently projects the guilt of colonialism, racist dehumanization, and smug cultural superiority upon the Japanese company men: it is now they who cower in atavistic terror when they first hear King Kong's roar, they who selfishly capture the awesome beast for their own profit, and they who foolishly bring him back to "civilization", only to see their proud modern trains, war machines, and skyscrapers wrecked by forces of nature older than industrial civilization. In short, *King Kong vs. Godzilla* offers American audiences all of the pleasurable superiority and soothing egotism of the 1933 original, with all of the racist guilt magically removed. Even better, the displacement of guilt upon the Japanese cast reinforces a paternalistic American racism against Japan: look at them aping our ways, making the same mistakes we made, thereby proving that our errors are the one thing that is not "exceptional" about us.

This is exactly why we have a "white man's burden" to govern them as our colony, to impose our social values upon them, to constrain their childish aggression by stripping them of the right to their own standing military. And so, of course, we have an even more clear moral obligation to protect them against the real giant monsters of China and Russia by operating our own military bases in Japan and Okinawa. Thus, an additional soothing layer of metaphor: just as the salarymen are a receptacle for our projected guilt, King Kong himself is a stand-in for the U.S. military and General MacArthur, so violent and powerful, so sexually voracious towards Japanese women, so well-meaning and determined to defend the helpless land of Japan until the scene where he swims home alone at the end, like a weary cowboy – or samurai – disappearing into the sunset.

Maybe the movie's comedy element somewhat undermines all of this political theater, making it too self-conscious to accomplish real catharsis. But if it's only half-successful in that regard, maybe it makes up the difference in another way. The sense of fun in this movie, the preposterous East vs. West match-up, may serve yet another function: to help repair the postwar relationship between the U.S. and Japan, the way former enemies will sometimes put aside their bitter past and sublimate their aggression into a friendly rivalry.

Appendix A Childhood Forever Gone

What better way to pull off than to take this these two disturbing symbols, of nuclear holocaust and genocidal slavery, respectively, and revise them as the harmless fantasy of a colorful wrestling match? In the interests of forging a stronger (but not equal) U.S. / Japan relationship after World War II, *King Kong vs. Godzilla* was probably the perfect international production arriving at the perfect time.

Much of this comforting cocktail of identification and superiority is reproduced a second time in *Godzilla vs. Mothra* – Faro Island replaced by Infant Island, King Kong by Mothra, Pacific Pharmaceuticals by Happy Enterprises, the high priest of Faro by the Shobijin. Kong's noble protection of Fumiko, a reminder of Anne Darrow, is replaced by Mothra's self-sacrificing love for her egg (and all humanity). There is a small difference in that Mothra volunteers to help whereas King Kong has to be plied with alcohol and kaijunapped by military helicopters, but in both stories it is the rational superiority of modernity that succeeds at recruiting another monster to help save the world from Godzilla. In the English dub broadcast on American televisions, the high priest at first refuses to help, pronouncing gravely "May your land be ruined like ours," until his vindictive, two-dimensional moral outlook is out-debated by Sakai and Nakanishi, the two representatives of the Asian "model minority," designated as the calming voice of reason tasked with talking the savages down from their historical grievance.

This encounter is also simplified and rendered less troubling to the American conscience for the English dub. In both versions, as our heroes survey Infant Island's environmental devastation by nuclear testing, they express a feeling of guilty responsibility, but the way that guilt is processed is deeper in the original and more "safe" in the American version. In the subtitled version, Nakanishi's expression of guilt prompts Sakai to reflect on the limitations of the organized mass protest and corporate media advocated by the West: "Demonstrations against nuclear bombs don't make news anymore." But in the English language dub, this loaded observation is erased and replaced. Instead of Nakanishi, it is the scientist Miura who expresses guilt, his phrase "as a scientist" giving ordinary laypersons an insulating distance. And instead of Sakai's remark about the failure of organized protest, it is now Nakanishi who sympathetically gives voice to the banal, reassuringly universalizing remark "All of mankind is responsible!" (Since the islanders are clearly the victims in this context, this Hollywood addition to the script effectively excludes pre-industrial societies from the modern category of "mankind.")

Later, the English subtitles have the high priest refer to nuclear weapons as "devil's fire [...] the fire that even the gods will not allow." But in the English dub, this damning equation of science with evil is removed to make way for precisely the opposite assessment: "You played with the fires of the Gods." Finally, Nakanishi and her colleagues stand in their clean, uncreased western suits before the half-naked islanders, exhorting a radical forgiveness that may not square with American Puritanism: "many people are losing their lives to Godzilla. There are many good people among them, but even bad ones have the right to live. [...] all people are equal before God." But in the American dub, this Gandalfian argument is replaced by a banal libertarian appeal: "The good are being killed as well as the evil. Are you going to let innocent men die alongside guilty men? You have no right". Such ideologically convenient changes are precisely tailored for the comfort of American viewers, many of whom would never see the subtitled version. (5)

"You should have left your sister packed in ice": Sexism in *Monster Zero* and *Destroy All Monsters*

Just as King Kong was inspired by the Tarzan story of Edgar Rice Burroughs, the romance at the heart of Monster Zero recalls Boroughs's other signature story, *A Princess of Mars*. Astronaut Glenn's story on Planet X mirrors his amorous adventure with the X'ian Miss Namikawa, providing American heterosexual male viewers an obvious proxy. Although Namikawa meets a tragic end, her willingness to sacrifice herself for him is expressed as gratitude for his having "given" her a life and an individuality: "With you, I have found a love beyond all computation." In America, we say that an arrogant playboy sees himself as "God's gift to women." Here, Glenn is America / Earth's gift to Asian / Alien womanhood, even more starkly in the contrast he forms with Fuji-san, the Asian hero so conservative and protective of his sister that he openly discourages her from dating her boyfriend.

If this contrast was actually intended to win over American men to Godzilla fandom, it couldn't have been designed better. Americans like to believe that their military victory in World War II was also a vindication of their cultural values, and that part of their destiny was to make the world not only safe for democracy, science, and capitalism, but also for women's rights. In *Gojira* (1954), when Emiko falls in love with Ogata, the subtext for American male viewers is that she has rejected the arranged marriage of her traditional family to think for herself, be a "modern woman," – in short, to be American. One U.S. blogger puts it this way:

> the love triangle is a conflict between two forms of marriage – traditional arranged marriage and modern marriage through the couple's choice – and that [...] conflict would have been very real for a Japanese audience [...] [Shimura's] desire to keep Gojira alive (for study purposes) is equivalent to his support for traditional marriage (the one he arranged for his daughter). And the death of Gojira is also the death of that traditional marriage. (Benzon)

We feel like such outcomes justify our war and the nuclear bombings, because "in the end we made the world a better place." Japan's economic and political cooperation with General Macarthur and the U.S. government seem to confirm the rightness of this feeling.

Evidence for this imaginary equation of colonialist war with the rescue and redemption of foreign women is found all over the U.S. media. It is most obvious in the American mainstream media's insatiable thirst for stories about violence against women in foreign lands: bride-burning, acid attacks, clitoridectomy, rape in civil war (since 9/11, appalled stories about the mistreatment of Muslim women have probably increased). The focus of these stories is generally on the victimization of the woman, not on the ways in which women in those countries are organizing themselves to bring about change, because emphasis on their own resistance would damage the fantasy of victims imploring the U.S. military to rescue them. Dana Cloud writes in her article:

> representations [of Afghan women] participate in the more general category of 'the clash of civilizations,' which constitutes a verbal and a visual ideograph linked to the idea of the 'white man's burden.' Through the construction of binary oppositions of self and Other, the evocation of a paternalistic stance toward the women of Afghanistan, and the figuration of modernity as liberation, these images participate in a set of justifications for war that contradicts the actual motives for the war. (285)

In an unpublished dissertation on U.S. media depictions of Muslim women after 9/11, Nahed Mohamed Atef Eltantawy highlights a passage from the *Washington Post* that unashamedly propagandizes for invasion of Afghanistan in November 2001: "Let Kabul be taken as soon as possible and then have every earthly news camera show (as has just happened in Mazar-e Sharif) women taking off their burqas, music again being played, girls going back to school."

The racism of these examples is breathtaking. But it has been no less pronounced when directed at East Asian women. "The Constitution of 1946 guarantees equality of the sexes, but in practice, the Japanese have seldom acted as equals," announced the *New York Times* in a 1982 article about divorce in Japan. "Elderly women still walk a few paces behind their husbands, and women's salaries generally are half of those of men".

At this point the journalist-cum-ethnographer, Terry Trucco, claims that this sexism is "Confucian", never mind that Confucius was Chinese: "Schooled for centuries in the Confucian principles of endurance and compliance, women were once expected to obey their fathers in childhood, their husbands in marriage and their children in old age." To avoid the accusation of bigotry, the writer ends the article by selecting a quote from a Japanese woman herself: "They want servants and slaves; it's very difficult to find a man who isn't looking for a wife." The American fantasy of unhappy Japanese women persisted into the era of the economic bubble: in the 1990s, Cheryl WuDunn, author of *Half the Sky: Turning Oppression into Opportunity for Women Worldwide*, wrote a popular article in the *New York Times* about "Narita divorces" bluntly titled "Many Japanese Women Are Resisting Servility." (WuDunn's husband, regular *New York Times* columnist Nicholas Kristof, is probably most infamous for his series on child sex slaves in Cambodia. He was accused of practicing racist cultural imperialism when he attempted to shape the story he was reporting on by purchasing the freedom of two children.)

In *Monster Zero* and *Destroy All Monsters*, this white male "savior" complex (conveniently marketed toward white American males) is nourished by sexism that simultaneously invites self-righteous indignation and titillated complicity. When Glenn challenges the X'ian controller about the uniformity (which implies conformity) of his planet's women, the alien ironically insinuates that the astronaut's own colonial and sexual desire would render him equally culpable of any accusation of sexism. When he is pressed, the alien says "Let's not argue the matter," invoking a brotherhood of silence about "each other's" women (in American popular parlance, this principle is known as "bros before hos"). (6)

When Glen then tries to persuade Namikawa to abandon her civilization for him, she insists he become one of her people and marry her instead, the entire conversation carrying the tone of the demure Asian woman in *Good Morning Vietnam* lecturing Robin Williams about how a "lady" of her society is expected to behave. Later, she is punished for her sexual desire, and for collaboration with the enemy. Even in her noble death protecting the (white) man she loves,

Namikawa plays into a stereotype of the sexually free "double agent" in war: her tender gaze into Glenn's eyes is belied by a shot of her hand slipping something into his coat pocket.

In *Destroy All Monsters*, the complex figure of Namikawa is split into the "good" woman Kyoko and the "bad" woman, the Kilaak Queen. But even Kyoko's goodness depends on her faithfulness to men. An intelligent and capable scientist, Kyoko turns out to be just another weak-willed female. She is brainwashed by the aliens, and when she asserts authority and power of her own in an embarrassingly public revelations, she speaks as a simple-minded child petulantly defying the human (male) adults. Upon being brought back to her senses (by male violence, Rhett Butler from *Gone with the Wind* style) she is gratifyingly reduced to sobbing like a baby and buries her face in the compassionate male's chest. The Kilaak Queen likewise defies men, in a smug, bemused fashion as if in uncanny parody of the honey sweet tones of a submissive woman.

When Kyoko, Namikawa, and the Kilaak Queen make use of any form of resistance against men whatever, including verbal objections and even simple dispassionate questioning of male authority, they are met with incredulity, harsh words, clear sexual groping, physical violence, and even murder, all in the name of "saving" them from the dangerous influence of the enemy.

Such examples of sexism are obvious provocations of the rescuing white male mentality, embodied for Western audiences by Glenn. But they are simultaneously appealing because they feed into the envy of white men who feel frustrated and left behind by the march of feminism in the 1960s and 1970s. Comedian Eddie Murphy, in *Raw*, the most popular stand-up comedy film in American history, recounts with bemused admiration a story of the submissiveness of his friend's Japanese wife: "She looked at her husband; he did like this: 'You may speak.' And she spoke! And I was like, 'that's pussy control!' You know, because I'm used to American women saying: 'You don't own me.'"

Appendix A Childhood Forever Gone

"The March of One Million People": Hippie Panic and the "Model Minority"

Consider the overtly anti-American imagery and themes of South Korea's *The Host*. A direct response to an incident in 2000 where a U.S. military base dumped 460 bottles of formaldehyde into the Han River, the monster of this movie is also the mutant spawn of pollution. But in the end, it's up to everyday South Koreans to organize their own resistance, with molotov cocktails and urban guerilla maneuvers. Their fight is not only against the monster, but also against a repressive state apparatus that includes police in riot helmets who deploy an American substance that, in an explicit reference to the U.S. use of chemical weapons in Vietnam, is named "Agent Yellow."

With a far from subtle environmental allegory, it's understandable that Yoshimitsu Banno's *Godzilla vs. the Smog Monster* is also perceived as a leftist film. But like American politicians who hypocritically rail against racism, poverty, and war, Banno's populist critique of industrial pollution is belied by a politically conservative ending. A small group of hippies organizes a "March of One Million People" but this fails dismally, with the protestors ignominiously drowned in a tsunami of sewage after hypocritically attempting to dispose of Hedorah using the unsustainable method of incineration. In the end, it is not the masses who make history, but the Japanese military that teams up with Godzilla to save the day, using electricity powered by nuclear energy.

This unfortunate ending to an otherwise subversive film mirrors the way right-wing Japanese politicians and businessmen, including war criminals, disregarded popular protests to allow in U.S. military bases and embrace nuclear energy in the 1950's (Johnston). But to American audiences reeling from the social upheavals of the 1960s, its anti-hippie, pro-military, pro-nuclear message would have been complacency-inducing escapism.

265

Much has been written of the way Asians are manipulated as the "model minority" in America, pitted against other oppressed people of color by being idealized as uncomplaining, self-sacrificing hard workers on the one hand, and of having innately superior intelligence on the other. (This racist, divide-and-conquer tactic can be traced back at least as far as Hitler's embrace of Japanese as "yellow Aryans" during World War II, but persists in modern-day America, with Donald Trump's allies in the "alt-right" movement claiming that whites and Asians are genetically superior to other races.) To understand how Japanese popular culture is used to validate American ruling class ideology, we must recognize how Japan is used as an antidote to the Yellow Peril and Communist China, and a corrective to the humiliating and traumatizing defeats of the wars in Vietnam and Korea: Japan was the last Asian country to be defeated by the U.S. in war, and the only one to have suffered an American nuclear attack in human history, yet its government is depicted as stoically practicing complicity with the American nuclear industry and military.

Conclusion: Corporate Surrogates

In the 1970s and early 1980s, Godzilla films were featured in several free broadcast TV programs: the 4:30 Movie, Chiller Theater, Million Dollar Movie, and a two day King Kong / Godzilla marathon annually televised during the Thanksgiving holiday. Although these films have moved to cable stations, the continuing nostalgia for this "Golden Age" of monster movies on TV has affected the politics of Hollywood's own forays into *daikaiju eiga*: the nuclear origin is all but elided in Devlin and Emmerich's 1998 *Godzilla*; nuclear power and weapons save the day in Del Toro's *Pacific Rim*, and a shot portrays Godzilla swimming abreast of a U.S. warship, with a clear visual implication that they are two allies of a shared purpose, in Edwards's 2014 reboot.

In 2016, both *Shin Godzilla* and the Blu-Ray release of *Return of Godzilla* (1984) with English subtitles became available to American viewers. Perhaps as more time passes, such films like these additions to the American viewing experience will help force American fans to confront the character's more subversive heritage and challenges. For example, *Return of Godzilla* features a Soviet officer heroically dying in an attempt to stop a nuclear weapon from exploding above Japan: this scene may come as a surprise to American viewers of the only English version of the film that was available for decades, *Godzilla 1985*, wherein the same Soviet character's scenes are edited to make it appear that he fired the nuke on purpose. Likewise, Shin Godzilla's destruction of Tokyo, which even to the jaded media consumers of the 21st century may feel as visceral and apocalyptic as anything in the original *Gojira*, is directly triggered by an attack by American bombers, and Goro Maki, the mysterious scientist who is associated with Godzilla's evolution, had studied the mutagenic effects of radioactive waste on sea life before his research was censored and hidden by the U.S. Department of Energy.

But so far, the ideological impact of these films on American fandom has been softened by defense mechanisms – the anti-American politics of *Shin Godzilla* are too often all but dismissed in lieu of a smug, condescending focus on the bumbling bureaucrats who run the Japanese government, and the geopolitical tensions of *Return of Godzilla* are glossed over as an outdated expression of 80s Cold War paranoia.

In his essay, "Observations on Transference-Love," Sigmund Freud explains his "rule of abstinence," arguing that "the patient's need and longing should be allowed to persist in her, in order that they may serve as forces impelling her to do work and to make changes, and that we must beware of appeasing those forces by means of surrogates." Like people, cultures evolve by being made uncomfortable, but this development is stunted by the corporate media's deployment of "surrogates," including the fantasies of American exceptionalism fed by manufactured and manipulated perceptions of Godzilla and the Japanese culture that created him.

Endnotes.

1. One example of this would be screenings of Jim Sharman's *The Rocky Horror Picture Show* (1975), where midnight audiences who knew the script by heart would attend to sing along, dance, recite parts of the script, and call out jokes as part of an audience participation experience.
2. The famed scene of Orson Welles's *Citizen Kane* (1941), where the protagonist, at the end of his life, fixates upon a random visual memory from his childhood, could be a metaphor for any Godzilla fan reliving his or her youth at the movies. Just as the word "Rosebud" itself was an arbitrary, meaningless marker for the much broader, ineffable, and forever unrecoverable experiences of Kane's youth, the name Godzilla is a reminder of youth that evokes much more than the word itself, alone, could ever actually explain. As David Gilmour writes in his memoir *The Film Club*, "I return to old movies not just to watch them again but in the hope that I'll feel the way I did when I first saw them. (Not just about movies, but about everything.)" The vagueness of his parenthetical word "everything" implies that his "hope" is in vain because he can no longer truly feel the way he did when he first saw them. To make matters worse, Godzilla is not even a real Japanese word. From an American fan's perspective, I look up the origin of the Japanese word but then I only find out that its a *portmanteau* – the English word "gorilla" confoundingly combined with the Japanese word for "whale". Because Godzilla looks nothing like a gorilla or a whale, my quest for the underlying hidden meaning comes to a frustrating and unsatisfying end – and because the word "gorilla" is English, my quest for a deeper understanding of Japanese culture has brought me full circle back to my own English language again. Like with the revelation of the "meaning" of Rosebud at the end of *Citizen Kane*, I understand no more than I did when I first asked the question.
3. Oxford University Press's Living Dictionary website defines "ideology" as a "system of ideas and ideals, especially one which forms the basis of economic or political theory and policy." My usage of the term in this essay is also accented by the psychoanalytic argument that this system of ideas is an expression of unconscious desire, and the Marxist argument that this desire is kept unconscious (and therefore immune to analysis) by a ruling class which seeks to consolidate,

Appendix A Childhood Forever Gone

exercise, and rationalize its own power and privilege, partly through the propagation of cultural artifacts such as film. Louis Althusser's "Ideology and Ideological State Apparatuses" provides an important synthesis of these Freudian and Marxist perspectives.

4. President Ronald Reagan, in several of his speeches, referred to the U.S. as a "shining city on a hill," a paraphrase of the Bible which simultaneously implied that the nation is uniquely blessed by a higher power, and reinforced the idea that America's identity and destiny are inextricably tied with the Christian religion.

5. Professor Ikeda has called my attention to apparent discrepancies between the English subtitled version in the Sony 2007 release and the original Japanese script. Even if the English subtitles are not direct translations, a fuller side-by-side comparison between them and the English dub produced for American audiences reveals significant changes, making the dub version ideologically "safer," less complex, and less critical of science and the nuclear technology which the American occupiers somehow succeeded at selling to the postwar Japanese government.

   Transcript of English subtitles from Sony's 2007 DVD:

   M: What a desolate place! Are people really living here?

   N: Is this all due to the nuclear testing?

   M: In simple terms, it's an aftermath of radiation. This must have been a beautiful green island at one time.

   N: Somehow, I feel responsible.

   S: It's a natural human reaction. Demonstrations against nuclear bombs don't make news anymore.

   Transcript of English dub from Sony's 2007 DVD release:

   Miura: It's so desolate. It's hard to believe it's inhabited.

   N: And this is the result of atomic tests?

   S: At one time, this was a beautiful green island.

   M: As a scientist, I feel oddly responsible.

   N: All of mankind is responsible!

6. Professor Ikeda points out that this line is not included in all English dubbed versions of *Monster Zero*. The version I reference here is a VHS published by Paramount in 1994.

Works Cited

Benzon, Bill. "The New Inquiry on *Gojira*, almost gets it." June 27, 2014. *New Savanna*, new-savanna.blogspot.com/2014/06/the-new-inquiry-on-gojira-almost-gets-it.html.

Brothers, Peter H. *Mushroom Clouds and Mushroom Men: The Fantastic Cinema of Ishiro Honda*. AuthorHouse, 2009.

Buruma, Ian. *The Wages of Guilt: Memories of War in Germany and Japan*. Phoenix, 2002.

Cloud, Dana. "To Veil the Threat of Terrorism: Afghan Women and the 'Clash of Civilizations' in the Imagery of the U.S. War on Terrorism." *Quarterly Journal of Speech*. Vol. 90, No. 3, August 2004, pp. 285–306.

Eltantawy, Nahed Mohamed Atef. *U.S. Newspaper Representation of Muslim and Arab Women Post 9/11*. 2007. Georgia State University, PhD dissertation.

Erb, Cynthia. Tracking *King Kong: A Hollywood Icon in World Culture*. Wayne State University Press, 1998.

Figal, Gerald. *Civilization and Monsters: Spirits of Modernity in Meiji Japan*. Duke University Press, 1999.

Freud, Sigmund. *The Standard Edition of the Complete Psychological Works of Sigmund Freud*. Vintage, 1999.

Gojira. Directed by Ishiro Honda. DVD, Classic Media, 1954.

Godzilla. Directed by Ishiro Honda. BD, Criterion, 1954.

Godzilla vs. Monster Zero. Directed by Ishiro Honda. VHS, Paramount, 1994.

Hirano, Kyoko. *Mr. Smith Goes to Tokyo: Japanese Cinema under the American Occupation, 1945–1952*. Smithsonian Institution Press, 1992.

Igarashi, Yoshikuni. *Bodies of Memory: Narratives of War in Postwar Japanese Culture, 1945–1970*. Princeton University Press, 2000.

Johnston, Eric. "Key players got nuclear ball rolling." *Japan Times*. July 16, 2011, www.japantimes.co.jp/news/2011/07/16/national/key-players-got-nuclear-ball-rolling/.

Kalat, David. *A Critical History and Filmography of Toho's Godzilla Series*, 2nd ed. McFarland, 2010.

Mothra vs. Godzilla. Directed by Ishiro Honda. Classic Media, Sony BMG Home Entertainment. April 3, 2007.

Rabson, Steve. "Assimilation Policy in Okinawa: Promotion, Resistance, and 'Reconstruction.'" *Japan Policy Research Institute*. JPRI Occasional Paper

No. 8 (October 1996), www.jpri.org/publications/occasionalpapers/op8.html.

Smith, Robert J. *Ancestor Worship in Contemporary Japan.* Stanford University Press, 1974.

Trucco, Terry. "Women's Views on Divorce Are Changing in Japan." *New York Times.* June 11, 1982, www.nytimes.com/1982/06/11/style/women-s-views-on-divorce-are-changing-in-japan.html.

Tsutsui, William. *Godzilla on My Mind: Fifty Years of the King of Monsters.* McMillan, 2004.

WuDunn, Cheryl. "Many Japanese Women Are Resisting Servility." *New York Times.* July 9, 1995, www.nytimes.com/1995/07/09/world/many-japanese-women-are-resisting-servility.html.

あとがき

　2014年に学外研究でニューヨークを訪れてから、2019年の春でほぼ5年が過ぎる。はじめて訪れるコロンビア大学で胸をときめかせてフルーグフェルダー氏にお会いしたことを今も鮮明に記憶している。初対面の私に、同大学の教員が主催・参加するさまざまなセミナー、ジャパン・ソサエティ、リンカーン・センター映画協会、ニューヨーク公共図書館など，学外研究に役立つ情報をいち早く教えてくださった。また、ニューヨーク大学開催のGodzilla Returnsのワークショップにお誘いいただき、さらに帰国直前には同大学ウェザーヘッド東アジア研究所にて研究成果を報告する機会を作ってくださった。本書はもちろんのこと、私のゴジラを巡る研究は、彼の支援なしでは全く実現できなかった。本書の出版に際し、改めて深く感謝を申し上げたい。

　また、2014年の学外研究を可能にするために、多くの方のお力添えをいただいた。現在国立映画アーカイブに勤務する冨田美香氏には、当時コロンビア大学で勤務していた現在東洋大学の堀ひかり氏と、今も同大学に勤務する鈴木登美氏をご紹介いただいた。堀氏は、フルーグフェルダー氏とともに私を受け入れる教員として、ご自宅にもご招待いただいただけでなく到着前からニューヨークでの生活までも、さまざまな面でご支援いただいた。鈴木氏は、堀氏とともにいつも温かく私を見守ってくださった。学外研究員として私を迎えてくださったHaruo Shirane学部長、不躾な聴講のお願いをご快諾いただいたPaul Anderer氏、司書のSachie Noguchi氏など、コロンビア大学の東アジア言語文化学部の皆様

に心より感謝を申し上げたい。

　さらに、ニューヨーク公共図書館のカラハン氏も唐突な私のインタビューを快諾頂き、お忙しい中、子供時代の話から詳しくご説明いただいた。キングギドラを手に持ちながら、熱くゴジラの話を語ってくださったことに強い感銘を受けたものである。

　ニューヨーク市立大学のシェン氏とユーファート氏を知ったのは、お二人の研究発表を拝聴したのがきっかけである。その後、ニューヨークを訪れる度に歓迎いただいた。お揃いのゴジラのTシャツを着て街を練り歩いたことは忘れられない。

　ニューヨークでこうした研究者から学んだことを何とか本にしたいと思い、本書にとりかかったのである。立命館大学国際関係学部は、政治学・経済学・社会学・文化人類学とさまざまな学問を専門とする集まりであるため、あまり自身の専門の話をすることはないが、同学部の経済学者の中川涼司氏は、ゴジラの話をするとどんどん話が進んだ。本書は、同氏のお力添えもいただき、立命館大学の研究高度化推進制度の2018年度学術図書出版推進プログラムの助成を得て、刊行するものである。また、大阪大学出版会の栗原佐智子氏には、度重なる締め切りの変更をいつも温かい言葉とともに快諾してくださり、大変助けていただいた。心から感謝を申し上げたい。

　最後に、ニューヨークでの学外研究を温かく見守り、帰国後の大学の行政業務、教育、研究に追われる私の体を気遣い、さまざまな面で支えてくれた私の家族に本書を捧げ、感謝したい。

　着想から長い時間が流れたが、レジェンダリー・ピクチャーズによる『怪獣王ゴジラ』のリブート版である『ゴジラ キング・オブ・モンスターズ』が世界同時公開される本年5月より一足先に、

本書を出版できることを大変嬉しく思う。少しでも早くこの映画に追いつけるように精進したい。

　2019 年 2 月
　　　　　　　　　ゴジラ研究に対する思いを新たに
　　　　　　　　　　　　　　　　　　池田淑子

図出典一覧

カバー袖写真（前）『ゴジラ』スチール写真
　　　　　　（後）『シン・ゴジラ』スチール写真

口絵1　*Godzilla, King of the Monsters!* ポスター
口絵2　『ゴジラ』ポスター

扉絵1	*Godzilla, King of the Monsters!* ロビーカード	2
図1-1	『怪獣王ゴジラ』スチール写真	19
図1-2	*Godzilla, King of the Monsters!* ロビーカード	25
図1-3	*The Human Vapor* スチール写真	26
図1-4	『ゴジラ』スチール写真	27
扉絵2	第2章筆者所蔵の写真	36
図2-1	第2章筆者所蔵の報道写真	39
図2-2	第2章筆者所蔵の写真	40
図2-3	*Godzilla, King of the Monsters!* プレスブック	48
図2-4	第2章筆者所蔵の雑誌 *Show* 掲載写真	50
扉絵3	*Godzilla, King of the Monsters!* プレスブック	52
図3-1	*Godzilla, King of the Monsters!* 静止画像	62
図3-2	*Gigantis, the Fire Monster* プレスブック	67
図3-3	*King Kong vs. Godzilla* プレスブック	74
図3-4	*Godzilla vs. The Thing* プレスブック	79
図3-5	*Them!* プレスブック	83
図3-6	*The Amazing Colossal Man* チラシ	84
図3-7	*The Incredible Shrinking Man* ロビーカード	84

扉絵4	*Godzilla, King of the Monsters!* プレスブック	92
図4-1	*Godzilla, King of the Monsters!* プレスブック	100
図4-2	*Godzilla, King of the Monsters!* プレスブック	104
図4-3	*Godzilla, King of the Monsters!* プレスブック	110
扉絵5	『シン・ゴジラ』スチール写真	120
図5-1	日本国際映画著作権協会	122
扉絵6	第6章筆者所蔵の写真	150
扉絵7	『モスラ対ゴジラ』ポスター	186
図7-1	『ゴジラ』スチール写真	193
図7-2	『ゴジラの逆襲』スチール写真	196
図7-3	『ゴジラの逆襲』スチール写真	197
図7-4	『キングコング対ゴジラ』スチール写真	200
図7-5	『キングコング対ゴジラ』スチール写真	201
図7-6	『モスラ対ゴジラ』スチール写真	204
図7-7	『三大怪獣 地球最大の決戦』スチール写真	208
図7-8	『三大怪獣 地球最大の決戦』スチール写真	208
図7-9	『怪獣大戦争』スチール写真	209
扉絵8	「キングコングとゴジラ」第8章筆者の娘の写真	218
図8-1	『モスラ対ゴジラ』スチール写真	235
図8-2	*Destroy All Monsters* プレスブック	241
図8-3	『怪獣大戦争』スチール写真	242
図8-4	『怪獣総進撃』スチール写真	244
図8-5	*Destroy All Monsters* プレスブック	244
図8-6	*Godzilla vs. The Smog Monster* プレスブック	246

東宝株式会社所蔵：袖写真（前・後）、口絵2、図1-1、図1-4、扉絵5・7、図7-1～図7-9、図8-1、図8-3、図8-4

執筆者紹介（執筆順）

グレゴリー・M・フルーグフェルダー
（Gregory M. Pflugfelder）
米国コロンビア大学東アジア言語文化部准教授．専門は歴史学．著書に『政治と台所―秋田県女子参政権運動史』（ドメス出版，1986 年），*Cartographies of Desire: Male-Male Sexuality in Japanese Discourse, 1600-1950*（University of California Press, 1999）．第 1 章と第 2 章を執筆

池田淑子
（Yoshiko Ikeda）
立命館大学国際関係学部教授．専門は記号学，カルチュラルスタディーズ．著書に『映画に見る日米相互イメージの変容―他者表象とナショナル・アイデンティティの視点から』（単著，2014 年），『叢書セミオトポス 9 着ること／脱ぐことの記号論』「日本映画に見るモガの表象―洋装とナショナル・アイデンティティ」（日本記号学会編 2014 年，新曜社）第 3 章と第 7 章を執筆．訳者・編者

デイビッド・カラハン
（David Callahan）
ニューヨーク公共図書館（The New York Public Library for the Performing Arts, Dorothy and Lewis B. Cullman Center）副館長．同図書館のメディア・コレクションのマネージャーおよびキュレーターとして多くの映画のイベントを企画・開催．リンカーン・センター映画協会のアンソロジー・フィルム・アーカイヴズのためのプログラムを立案．ニューヨーク近代美術館などで映画のプレゼンテーションを行う．第 4 章を執筆

中川涼司
(Ryoji Nakagawa)
立命館大学国際関係学部教授．専門は中国経済論，日本経営史．主な著書に『中国のIT産業―経済成長方式転換の中での役割―』（単著，ミネルヴァ書房，2007年），『現代アジアの企業経営―多様化するビジネスモデルの実態―』（編著，ミネルヴァ書房，2017年）などがある．第5章を執筆

カール・ジョゼフ・ユーファート
(Karl Joseph Ufert)
ニューヨークベースの受賞歴のある，デジタル・ウェブ広告代理会社 Mitra Creative の共同創設者・社長．IAMCP（the International Association of Microsoft Certified Partners）のグローバル・マーケティング委員会のソーシャル・メディア・マーケティングを支援．第8章著者シェン氏とともに「大怪獣映画」のFacebookを創設．第6章を執筆

ジークムント・シェン
(Sigmund Shen)
ニューヨーク市立大学ラガーディアコミュニティ・カレッジ（LaGuardia Community College of the City University of New York）准教授．専門は英文学．精神分析学．論文に，"'Was It Me? Did I Kill Them?': The Monsters and the Women in *King Kong* (1933), *Gojira* (1954), *Monster Zero* (1965), *Destroy All Monsters* (1968) and *Gamera III: Revenge of Iris* (1999)" (*Giant Creatures in Our World: Essays on Kaiju and American Popular Culture*) および "Viral Video, Traumatic Therapy: Hideo Nakata's Ringu and the Attempt to Cure the Future by Inoculating Us with the Past" (*Supernatural Studies*) などがある．第8章を執筆

アメリカ人の見たゴジラ、日本人の見たゴジラ
―― Nuclear Monsters Transcending Borders ――

発行日	2019年3月31日　初版第1刷　〔検印廃止〕
	2019年8月30日　初版第2刷

編著者　池田　淑子

発行所　大阪大学出版会
　　　　代表者　三成賢次
　　　　〒565-0871
　　　　大阪府吹田市山田丘2-7　大阪大学ウエストフロント
　　　　電話：06-6877-1614（代表）　FAX：06-6877-1617
　　　　URL　http://www.osaka-up.or.jp

カバーデザイン　LEMONed 大前靖寿
印　刷・製　本　株式会社 遊文舎

Ⓒ Yoshiko IKEDA 2019　　　　　　　　　　Printed in Japan
ISBN 978-4-87259-670-0　C1074

JCOPY〈出版者著作権管理機構 委託出版物〉
本書の無断複製は著作権法上での例外を除き禁じられています。複製される場合は、その都度事前に、出版者著作権管理機構（電話03-5244-5088、FAX 03-5244-5089、e-mail: info@jcopy.or.jp）の許諾を得てください。